人生を変えるリノベーション

行正り香

残りの人生を、どんな住まいで、どう暮らしたいですか？

　20年ほど前に自分の家をリノベーションしたとき、悩みました。建築やインテリアの専門書を見て理想の事例を探したのですが、当時の日本では建築家やデザイナーといった職業は男性が多く、作られる空間も機能的でクールなものが中心でした。女性である私が「残りの人生、こんな空間で暮らしたい！」と感じる柔らかい空間に出会えなかったのです。

　インテリアだって、料理や英語と同じ。独学でもある程度は学ぶことができるはずです。そこで、まずは教科書的なテレンス・コンランの『The Essential House Book』を読んで家作りの全体像を摑み、次にケビン・マクラウドの『Lighting Book』でライティングの基礎を学びました。いずれの本も、料理と同じように「素材を知ることが重要」と書いてあったので、床材、壁材、石材、照明器具や電球などを見てまわり、野菜や果物を選ぶように触って、質感や機能の違いを体で覚えていきました。キッチンもいろんなメーカーのものを見て、どんな引き出しなら使いやすく、どの天板だとクラス感があるか、また照明をラグジュアリーホテルのラウンジのようにするにはどのように工夫すればいいか、お手本となるスポットを見てまわりました。それから図面や照明計画を作り、素材を大切にしてくれる工務店を探し出して、リノベーションを行ったのです。

　その後、家を訪れた友人が空間デザインを頼んでくれるようになり、本を見た方からのお仕事の依頼も増え、デザインのパターンも出来上がっていきました。そうしたお客様には、家作りの重要なポイントを個別にお伝えしてきましたが、それらの情報は「家をなんとかしたい」と感じている方々のお役に立つに違いない、いつかまとめてみたいなぁ、と思うようになりました。

　自分の空間を変えたい、リノベーションをしたいと思ったとき、まずは人を頼りにするのではなく、自分なりに学んでみることが大切です。今回の本、そして過去に出した2冊の本、『行正り香のインテリア　心地よく暮らすためのルールとアイデア』『行正り香の家作り　ヒュッゲなインテリア』を読んでくださると、私がお客様にお伝えしているインテリアの基礎知識や、リノベーションの考え方などを学んでいただけると思います。そして好きな方向性が見えてくれば、「残りの人生を、どんな住まいで、どう暮らすか？」という大切な問いに、答えられるようになるのではないかと思います。Life shall be full of colors.

　こちらの本を土台に、みなさまの工夫と知恵で、彩ある空間を作り出していただけたら幸いです。

二世帯住宅だった一軒家をリノベーションした
例。和のテイストだったキッチンを〈YS邸〉(P92)
のようにしたいと希望。カウンターのある“コの字
形”の作りは、料理しやすいだけでなく、夫婦二人
の暮らしにちょうどいいスペースに。〈F邸〉

自分の「好き」を自問自答することで
「好き」に出会える

　2022年の秋、私はヴェニスに一人旅をすることにしました。訪れたのはサンマルコ広場、オリヴェッティ社のショールーム。ここで私はカルロ・スカルパという建築家を知ることになりました。空間全面に輝きを与えるスタッコ壁、ワインレッド色の細かいタイルフロア、スパイスをきかせた真鍮使い。それらすべての組み合わせが、職人の技と心、クリエイティビティを感じられる空間でした。そのとき、「これだ。私が求めていたものは」と強く感じたのです。

　本書で詳しくご紹介しますが、ちょうど京都のマンションをリノベーションしようとプランを練っているところだったので、デザインに左官仕事を取り入れることにしました。京都という場所柄、スタッコ壁ではなく伝統の土壁を選択。そしてその土壁に組み合わせるのは、茶室にも使われるよしず天井。さらに北欧家具や照明とのハーモニーを考えて、天井と壁を区切る"ふちどり"（廻り縁）に真鍮を選び、私の「好き」を形にしていく仕事が始まりました。

　過去を振り返ると、私には「これが好き！」という衝撃的な空間との出会いがありました。映画『恋愛小説家』や『マリー・アントワネット』の中で描かれるキッチンや配色、京都の茶室や老舗旅館、お寺で出会った壁や天井、そしてカルロ・スカルパの左官仕事や真鍮使い。これらの出会いは偶然に訪れるものではなく、「私は何が好きなのかな？　どんな空間に住みたいのかな？」と自問自答を続けることで、出会えたものです。

　実際の空間でそのような出会いがなくても、ファッションの世界ならば、「この人好き！　こんなふうに着こなしたい」と思ったことがあるのではないでしょうか？　オードリー・ヘップバーンのようにエレガントに、ケイト・ブランシェットのようにシックにかっこよく。そういうファッションへの憧れと空間に対する好みは、実は似ているのではないかと思います。

　自分の「好き」がわかったら、なぜ好きなのかを徹底分解していくことで、自分が"部分的に真似できる"ものが見えてきます。モデルさんが着ている洋服をそのまま買うのではなく、配色や素材を参考にする考え方とも似ています。例えば、先述のリノベーションにおいても、カルロ・スカルパの建築そのものを真似したのではなく、彼が重要視する左官仕事と真鍮使い、その土地独自の素材を活かす、というパターンを参考にすることにしました。

　空間の好みは年齢によっても、似合うもの、好きなもの、重視するものが変化していきます。さらには、子どもと暮らす家とそうでない家、パートナーのいる家といない家、友人が遊びに来る家とそうでない家、健康であるときの家とそうでないときの家、そして稼ぎがあるときの家とそうでなくなったときの家……年齢や体型が変われば着る洋服も変わるように、状況が変われば住まう家の好みが変わることを想像しながら、「今の好き」を見つけていけるといいですね。

　人生を変えるリノベーションや模様替えにも考えるべきステップがあります。まずは「好き」に出会って、その理想を分解することから始めてみましょう。

家に自分を合わせるのではなく「自分の理想に家を合わせる」

✔ 理想のイメージを具現化するには

→自分の「好き」を整理して分解しましょう。これまでの人生で住んできた家、暮らし方を通して、自分にとってどんな住まいが居心地よいのか、あるいはどんな暮らしに憧れているのかを解き明かすことが、実は何よりも大事です。このプロセスを丁寧にしないと、理想の暮らしは叶えられません。

✔ 理想と予算の兼ね合いをどうつければいいのか

→自分が本当に好きなもの、理想とする住まいが見えたら、どう実現していくかを考えましょう。予算的にできること、家の構造的にできること／できないことを明確にして、優先順位をつけていきます。

✔ リノベーションじゃなくても住まいは変わる

→「住まいを変えたい＝リノベーションしか方法がない」わけではありません。自分の理想の暮らしを叶えるために、リノベーションは本当に必要なのか？ 何もかもを変える「フルリノベーション」ではない、「部分リノベーション」という方法もあります。また、視点を変えた「模様替え」という方法も考えてみましょう。

✔ 家作りで重要なことは

→リノベーションというと、「間取りを変える」ことを念頭に置きがちですが、家の印象をガラリと変える要素は、大きな面積を占める壁、天井、床。そして部屋を照らす照明が実は一番重要です。

✔ リノベーションの流れがわからないなら

→リノベーションをするにあたって、どういうふうに進めればいいのでしょうか？ 予算の考え方、リフォーム会社の選び方、スケジュールの立て方…… リノベーションをスムーズに進めるには「リストアップ」が大事です。

✔ 住まいの個性は「飾る」ことから

→リノベーションでも模様替えでも、納得のいく住まいを作るには、「どう飾って自分の個性を出すか」がカギ。照明や家具に何を選ぶか、絵画やオブジェなどでどう飾るか、そこまでが「家作り」です。

CONTENTS

この本でご紹介しているリノベーション・模様替えの実例

以下の8つの実例をもとに、家作りのポイントについて解説しています。

case study 1

U邸
50代夫婦のマンション
リノベーション例。子どもの独立後、
趣味の料理を楽しめる間取りに

P24-27

case study 2

F邸
60代夫婦の戸建てリノベーション例。
和の二世帯住宅をあたたかみのある
北欧スタイルに

P30-33

case study 3

S邸
50代夫婦＋子二人の
マンション模様替え例。
照明・家具・ラグを変えて居心地よく

P40-43

case study 4

Y邸
50代一人暮らしのマンション
リノベーション例。アジア×北欧ミックスの
個性を活かして

P52-59

case study 5

N邸

40代夫婦＋子二人のマンション
リノベーション例。家事動線を考えた、
光あふれる住まいに

P104-109

case study 6

YK邸

和×北欧スタイルでリノベーションした
京都のスタジオ。京都ならではの
技を取り入れた住まい

P112-123

YT邸

モダン×北欧スタイルの
行正り香の自宅。
既刊『行正り香のインテリア』でも紹介

YS邸

クラシック×北欧スタイルの
行正り香のスタジオ。
既刊『行正り香の家作り』でも紹介

落ち着く空間で、音楽をかけながら、
のんびりゆっくり、コーヒーでも飲めたら素敵です。
でも理想の空間を手に入れるために、
一体何から始めたらよいのでしょう？
本書ではそんな悩みをお持ちのあなたに、
ステップ by ステップで、
「リノベーションの前に考えるべきこと」をお伝えします。

和と北欧のテイストでリノベーションした空間。曲線を施した窓まわりの壁が柔らかさを生み出している。〈YK邸〉

11

No.1　理想を分解することから始める

リノベーションをするために最初にやるべきこと、それは「どんな家が好きか」を自問自答してリサーチすることです。好きなテイストはモダンか、クラシックか、和かエスニックか。目指すスタイルの方向性が決まらなければ、先に進めないからです。では実際にリノベーションを実行する段階になったら、何が大切でしょう？ それはたくさんの情報を捨てて、たった一枚の"理想の写真"を選び、その一枚だけの情報を「分解」していくことです。感覚的に好きと思っていても、細かい部分を観察すると、その理由がはっきりするからです。「一枚の写真を分解する」とはどういうことか、私がリノベーションした空間を見て考えていきましょう。こちらでご紹介した3つのパターンは、すべて北欧家具を組み合わせていますが、大別すると［モダン］［クラシック］［和］という3種に分類されます。それぞれのスタイルを定めているのは、テーブルや椅子などの家具、照明器具やラグの配色、絵画や小物、そして壁や床の素材です。同じ漆喰の壁といっても、ざらつきのある壁か、つるんとしたイタリアのスタッコ壁か、あるいは土壁かによって、空間の醸し出す雰囲気は全く変わります。みなさんはcase 1、2、3のパターンからひとつだけ選ぶとしたらどれを選びますか？ それはなぜですか？ 選んだ写真の中から、どこを真似して再現してみたいですか？ そしてあなたらしさを加えるなら、どんな要素を加えますか？ ……まずはあなたの頭の中の「好き」という感覚を分解する練習をしていきましょう。

case 1 モダン×北欧スタイル

都会的な北欧スタイル。ざらつきのある漆喰の壁とモダンな柄のカーペットを組み合わせ、全体の配色はベージュのグラデーションに統一。家具には銀のスチールやチェリー材をセレクト。絵や植木鉢、そして植栽もモダンなデザインを選んでいます。〈YT邸〉

case 2 クラシック×北欧スタイル

クラシックな雰囲気の北欧スタイル。壁は光沢のあるスタッコ仕上げ、床はローズグレーのカーペット、家具はヴィンテージのローズウッドに統一。照明器具は銅素材、ラグにも赤系の色を選び、絵画にはその反対色となるブルーを基調としたものを選んでいます。〈YS邸〉

case 3 和×北欧スタイル

和の雰囲気を大切にしたスタイル。目指すところは、"洋の茶室"。伝統的な土壁とよしずを使った天井、畳を感じさせるカーペット、廻り縁に真鍮を配して、それらの色みと同化する照明器具、家具の配色にしています。掛け軸の合う静かな空間を目指しました。〈YK邸〉

壁・床、家具、配色……
理想の空間、その分解の仕方

理想の写真一枚を見つけても、それをすべて真似できるわけではありません。空間の骨格となる間取りや窓の向き、広さ、借景など、変えられない要素が多々あるからです。でも壁や床の色みや素材、照明の設置の仕方、家具の色み、配色、デコレーションなどは真似ができることです。ご紹介した事例、case 1〜3 の中から好きなスタイル（別の写真でもかまいません）を選び、どの要素を真似してみたいか、変更してみたいかを考えていきましょう。

写真を一枚選んで、「好き」を分解しましょう

■ **＜スタイル＞**
モダン、クラシック、和を取り入れたスタイルの中でどれが一番好きですか？ それはなぜですか？

■ **＜壁・床＞**
理想とする空間の写真で、インパクトを与えている要素は何だと思いますか？ 壁、ガラスブロックや床、天井の素材や色ですか？

■ **＜家具＞**
取り入れられるなら、どの家具を選びますか？写真の中に取り入れたい家具がないとしたら、どんなデザインの家具が好きですか？

■ **＜形状＞**
あなたが好きな空間の形は、直線的なものですか？ それともcase 1〜3のように曲線を取り入れた空間ですか？

■ **＜配色＞**
あなたが真似してみたい空間の配色はどれですか？ 写真の中になければ、何色と何色を組み合わせたいですか？

■ **＜デコレーション＞**
理想とする写真の中の照明器具、絵画や植栽など、実際に取り入れるなら、どんな色みやスタイルを選びますか？

「モダンなスタイルの世界観(case1／P12〜13)を目指したい」という依頼を受けてリノベーションを請けおった事例。方向性が明確に決まっていたことで、壁や床の色、漆喰の仕上げ方、ガラスブロック、モールディング、家具など、都会的な雰囲気を出す要素を取り入れた住まいが完成しました。〈N邸〉

理想を見極められたら、
真似できることが見えてくる

例えば家具ならば、モダンな要素を醸し出すのはスチールやクロームの存在感です。クラシックな雰囲気なら、ローズウッドやマホガニーなど濃い色の木の家具、そして和の印象を与えるのは、ナチュラルな雰囲気を感じる家具の配色となります。比較してみて、理想のスタイルを選ぶことができたら、IKEAでも近所の家具店でも「モダンにしたいからソファーの脚はスチールにしよう」「クラシックにしたいから木材はマホガニーかローズウッドにしよう」と、理想に近づけるための基準が明確になります。ファッション写真でモデルさんが着ているものを全部買わなくても、似たような雰囲気を生み出せるのと同じです。

まずは自分が理想だと思う、真似したい空間をひとつだけ選ぶ。そして、どこがいいのか、それらはどんな素材を組み合わせているのか、どんな家具が、どんな照明器具が設置されているのか、写真をじっくり観察して要素を細かく分解していくことで初めて「真似するチャンス」が生まれ、さらに「自分らしさを加えるチャンス」が生まれます。難しいように聞こえるかもしれませんが、料理もファッションも空間も同じです。憧れやお手本を見つけて、そして真似する。最後に自分らしくアレンジしてみる。このパターンを繰り返すことによって、あなたらしい空間が出来上がっていきます。

［ローズウッドのテーブル］

case 2（P14）のようなクラシックなスタイルを取り入れたいと希望された施主Uさん。〈YS邸〉（左）と同様のローズウッドの楕円形のテーブルをセレクトし、中央にペンダントライトを配置。壁は漆喰ではなく、アイボリーの水性ペイントでニュアンスを変更。

［大理石のテーブル］

case 1（P12〜13）のモダンなスタイルをイメージされた施主Fさん。〈YT邸〉（左）の円形のテーブルとスチール脚の椅子を取り入れ、高く上げた天井からテーブル中央にペンダントライトを吊るした。モールディングなどもcase 1と同様に丸みを感じるものに。

［キッチン］

case 2、〈YS邸〉のキッチンカウンター（左）をモダンなスタイルにアレンジしたいとリクエストされた施主Fさん。カウンタートップとキッチンの壁はグレーに変更して、カウンターチェアにはスチール脚のものを。ラグはグレーに合う赤をセレクトした。

写真を集めてイメージを形にしよう

　予算は後から調整するとして、まずは「理想のイメージ」を固めていきましょう。目指したいスタイルや真似したい素材、家具などの写真を集め、項目に分類して貼り付けていきます。最初の時点でひとつだけを選ぶ必要もなければ、項目を絞る必要もありません。ざっくりと理想を「見える化」していくことで、残したいものがはっきりしていきます。もし、好みをはっきりさせるのはハードルが高い、夫婦で意見が食い違って決まらないといった場合は、フリースタイル型リノベーションよりハウスメーカーなどが提案してくれるパッケージ型リノベーションを選ぶ、あるいは「模様替え」という方法を選ぶのもおすすめです。以下はN邸のリノベーションの際に作った資料です。ご参考までにお見せします。

［床］

どんな色みの床にしたいか？　カーペットか木材か？　木材ならばオークにウォールナット、何を選ぶか？　板材の組み方はストレートかヘリンボーンか？　玄関、寝室、キッチンの素材は何にするか？　掘り下げて考えてみましょう。

床
ルーブル美術館のようなオークのフレンチヘリンボーンスタイル

チャコールグレーのキッチンや、アイボリーの壁と合うようなアッシュ系のオークを活用。（濃い色にすると、グレーと合わない）
ルーブル美術館もトーンの明るいフレンチオークを活用していてグレーや薄紫の壁などにマッチしている。

組み方

行正自宅のような細切のヘリンボーンでは↑広さがあるためチカチカするのでフレンチヘリンボーンがよい

［壁］

クロスか木材か漆喰か？　漆喰ならば珪藻土、スタッコ壁、土壁、どんな素材で何色にするか？　表面の仕上げはざらっとさせるか、光沢を与えるか？　壁につける巾木はどのような素材にするか？　……イメージを具体化します。

壁
玄関からリビングルームの壁、天井はスタッコ壁のアイボリー

壁のムラ

ベネチアンスタイルでわざとムラをつける。行正スタジオもアイボリーでムラをつけている。

［カラースキーム］

どんな色を組み合わせるか？　ベーシックなベージュ、あるいはグレー？　グラデーションにするのか？　アクセントカラーは何色にするのか？　例えば、キッチンなら、扉、床、カウンタートップなどの配色まで考えます。

キッチンのカラースキーム

床はアッシュのグレーが入ったオーク　　キッチンキャビネットはチャコールグレー　　壁はスタッコの定番アイボリー

グレーに合うワインレッドのラグなどをアクセントカラーに、

床を濃いめの茶色にするとキャビネットのグレーと合いにくいので、薄い色のアッシュ系オークがおすすめ

キッチン

チャコールグレーのキャビネット
全てのキッチングッズを収納

濃いめのグレーに黒のカウンタートップだと
モダンすぎてしまうので（↑行正スタジオ）
チャコールグレー、
グレー系またはオフホワイトのトップが
おすすめ
（全てスペースワーカー冨田さんに
お願いしたオーダーキッチン）

ダイニングルーム　みんなが集う場所・語る場所

現在のテーブルを生かして
サイドボードを探すこともできる。
将来的にはサイドボード＆テーブルを揃え、
チーク・ローズウッド・オークなどから選ぶこともできる。
傷がついたら、無垢材の場合は仕上げしなおして
もらえる。
濃い色ならプラスの、オークのテーブルなら
白のアーティチョークなどおすすめ

ローズウッド

左・チーク　　オーク

お客様用トイレ

壁はグリーン
床はオーク

スタッコ壁のグリーン

部分塗装で
塗料金額を決める

家族用トイレ

スタッコ壁のアイボリー　イタリアンミラー
床はオーク

主寝室

玄関からリビングルーム、主寝室は
スタッコ壁のブルー

壁は薄いブルー

天井と
床はオークでもステキ
オーク色のカーペットも

テレビ

テレビは壁にかける

［キッチン］

どんなスタイル、どんな色のキッチンを希望しているか？　キッチンキャビネットや扉はどんな仕上げにするのか？　カウンタートップが人工大理石だとしたら、色は何を選ぶか？　家具との統一感は？　調理家電類の収納は？　換気扇やシンクはどのようにするか？　……書き出しましょう。

［ダイニングルーム］

どんな素材、どんな形状のダイニングテーブルにするか？　候補を絞って写真を貼り付けましょう。大理石か木材か？　木材ならばローズウッドかオークかマホガニーか？　形は円、楕円、長方形？　椅子はどんな素材に？　写真を並べることでどれがいいかが見えてきます。

［トイレ・洗面所］

壁は何色にして、どんな空間にしたいか？　照明器具や水栓はどのようなデザインにするか？　便器のサイズは小ぶりなもの？　それとも高機能なものを優先するか？　洗面ボウルはどのような形にするのか？　……選んでいきます。

［ベッドルーム］

壁はどのような色にして、どう仕上げるか？　ベッドはクイーンサイズか小ぶりのシングル2つを並べるのか？　それとも布団？　テレビは必要か？　テレビ台に置くか壁かけか？　クローゼットはどうするか？　といったことを整理します。

No.2 予算について

「家をリノベーションして人生をリスタートしたい！」「これからは理想の住まいで暮らしたい」……そう思い立って理想とするイメージを確定させたら、次にやるべきことは何でしょう？　それは全体の「予算について考える」ということです。リノベーションにかかってくる費用はいわゆる工事費用だけではありません。家具、カーテン、家電、そして照明器具から絵画まで、かかる経費がいろいろとあります。

私の場合、建築家や内装デザイナーではなく、全体をコーディネートする立場なので、予算配分については工事費用より先に、インパクトを与えやすい照明器具や家具から考えます。壁や床といった素材のグレードを低くして工事費や設備費を工面できたとしても、目に飛び込んでくる照明器具や体に触れる家具は、空間の雰囲気をより決定づけるからです。

例えば、300万円以上かけてキッチンだけのリノベーションを行いたいという依頼を受けた場合、「本当にキッチンを変えるだけでよいですか？」と尋ねることもあります。キッチンを新しくしても、家具や照明器具がそのままだと、空間全体の印象は変わりにくいからです。ならば、キッチンは扉や水栓など、不具合が出ているところだけをリニューアルし、残った予算で照明器具、ダイニングテーブルや椅子を購入するほうが、新しい印象の空間になります。

また、キッチンそのものが古めかしいのではなく、むしろ調理家電や食器、日用品などがキッチンのまわりに雑然と置かれているために空間のスタイルが決まらないという場合もあります。その場合は、それらを収納する家具などに予算をかけたほうが変化のインパクトが大きくなります。料理と同じで、限られた予算でリノベーションをするならば「何を優先させるか？」という工夫が必要

なのです。

キッチンのリノベーションを行うときは、いろいろなメーカーのさまざまな価格帯、デザインから設備を選べますが、「リビングやダイニングを含めた空間全体のトーンにマッチさせていくこと」を優先的に考えてみましょう。例えば、ウォールナット材の家具で揃えているならば、同じ素材のキャビネット扉のキッチンを選ぶといいし、クールでモダンなスチール脚の家具が多いならば、ステンレス製のキッチンもおすすめです。

予算を考えるときは、以下に着目して、目立つところから予算を配分していきましょう。

■ 優先順位を決める
何が空間にインパクトを与えるのか？　何を優先したいか？　リストに書き出して明確にする

■ 全体予算を考える
右の表をベースに、全体としてどれくらい費用がかかるかを調べ、予測を立てる

■ 見積もりを取る
工事をするならば、金額のことは後回しにするのではなく、先に明確にしておく

■ DIYにトライ
予算を抑えるにはDIYという方法も。壁や扉を塗ることから始めてみる

壁全面に作り付けの収納家具を造作するのは、価値ある予算の使い方だと思います。出ていると美しくないものは何でもしまえますし、テレビを隠すこともできます。コンセントや配線も考慮して、電子レンジなどの家電もしまえる収納家具を考えてみましょう。〈U邸〉

リノベーション予算の考え方

■ **基本の工事**
（解体とリビルド費用ほか）

■ **設備・内装**
（電気・水道まわりと収納家具など）

■ **設計費・監理費・税金**
（デザイン費用など）

＋

■ **家具**

■ **照明器具**

■ **絨毯・ラグ**

■ **窓まわり**
（カーテンなど）

■ **デコレーション**
（うつわ、グラス、アートなど）

case study 1　U邸
趣味の料理を楽しめる住まいに

　予算配分を考えてリノベーションした事例を見ていきましょう。こちらはリノベーション済みの中古マンションを購入された〈U邸〉。ご希望は「クラシックな行正スタジオ（〈YS邸〉・case 2 ／P14）のような雰囲気に」とのことでした。全体の予算を伺い、照明器具、家具などへの配分を考えたうえで、料理好きなオーナーさんがワクワクするキッチンを作ること、たくさんのうつわやテレビなどが収められる収納家具を作ること、そして間取りを変更して広々とした空間にすることを目標としました。

　まずは廊下側の壁を取り除き、2SLDKという間取りを1LDKに変更。玄関まで光が入るようにしました。部屋ごとにあったクローゼットも解体したので、壁全体の収納家具を2つ造作しました（ひとつはテレビや食器、調理家電用に、もうひとつは旦那さまのワークデスクやパソコン、プリンターなどを収めるもの）。さらにコンロ横の作業台、冷蔵庫まわりの収納家具など、すっきり住まえるように家具を造作することを優先しました。

　壁の色はcase 2 と同じ、アイボリーに。コストを抑えるために塗り壁ではなく、同じ色みの水性ペンキで施主さんファミリーが塗装しました。キッチンはよくあるモダンなアイランドキッチンが取り付けられていましたが、無機質な扉にモールディングをつけ、アイボリーに塗装しました。さらにカウンタートップの人工大理石、水栓や換気扇はグレードの高いものに変更することで、case 2 のキッチンと同じような雰囲気に。ダイニングスペースにはローズウッドのオーバル形のテーブルを選び、照明器具は丸みがあるものを複数ちりばめました。調光が可能なので、夜は明るさを抑えた、ランプとキャンドルの似合うクラシックな空間を作ることもできます。

キッチン扉にはモールディングを施し、アイボリーに塗装。カウンタートップの人工大理石など素材もグレードアップしたうえ、収納家具をコンロ下に造作。ありきたりだったアイランドキッチンがバージョンアップしました。

眼下に広がる夜景が借景となるリビングスペースには、グレイッシュなピンクのポットチェアを2脚。ダイニングテーブルに合わせてサイドテーブルもローズウッドのトーンで。夜景を見ながらお酒を楽しむもよし、壁際の棚の中に配置したテレビで映画を楽しむもよし、というコーナーに。

窓がなかった部屋（寝室）の壁は、一部をくりぬき、あかり取りの窓を新たに造作。

扉内部にはPCを置いたデスクスペースを。プリンターなどが収納できる棚を造作し、さらにスチール棚も設置して収納力をアップ。

子どもの独立を機に
リフォーム済み物件を購入したご夫婦のケース

U邸 リノベーションDATA

家族構成／50代夫婦
築年数／マンション 築26年
間取り／2 SLDK→ 1 LDK
延べ床面積／78㎡

[BEFORE]

✳ リノベーションのきっかけ
「子どもが独立したのを機に。夫婦二人になり、将来を見据えて暮らしを見直しました」

✳ 叶えたかったこと
「二人暮らしが快適になる住まい。細かい間取りだったのでゆったりした空間にしたい、趣味の料理を楽しめる間取りにしたいと思いました」

✳ 予算の配分について
「リフォーム済み物件だったので、購入費用との兼ね合いで総予算内に収まるように、何が本当に叶えたいことなのか、希望する要素の優先順位を明確にしました」

✳ リノベーションをしてよかったこと
「納得のいく住まいになって、毎朝晩、感動する景色を見られることが一番に挙げられます。さらに、行正さんのアドバイスによる美しいインテリアに囲まれて、生活も快適になりました」

✳ 大変だったこと
「物件購入から完成までの期間が短かったため、都度都度、すぐの決断を迫られたことですね」

✳ 断念したこと
「予算の都合でLDK部分のみの部分リノベーションとなったこと。いずれほかのスペースもできればと思っています」

✳ "ここは譲れなかった"ということ
「料理を楽しみたい、というのが第一の希望だったので、キッチンの作業台の広さと材質にはこだわりました。また生活用品を隠せる収納力は確保したいと思っていました」

✳ 現在の住み心地とお気に入りのポイント
「パソコンや周辺機器のあるデスクスペースや、見た目にごちゃごちゃしたものを収納家具内に収めたことで、すっきり暮らせています。キッチンの作業スペースをたっぷり確保したので、料理をするのがさらに楽しくなりました。間取りの変更でLDKを広くしたことによる開放感もお気に入りです」

✳ リノベーションをしたい人へのアドバイス
「インテリアが好きという理由ゆえに絞りきれず、ブレがちな人は多いと思います。今回は行正さんにお願いしましたが、コーディネーターさんに依頼すると考えを分析・整理してくれるのでおすすめです。インテリアのテイストが揃っているのは、想像以上に居心地がいいものです。リノベーションで目指すことが『家具・照明・絵・音楽・食事、とトータルで生活を楽しめる空間にすること』という行正さんの考え方と、モダンでありながら温かみのあるインテリアテイストに共感したので、わが家の場合、行正さんにお願いしてよかったと思っています」

✳ ＋アドバイス
リモートワークが当たり前になった昨今、パソコンだけでなく書類やプリンター、ルーターなどを隠せる場所を確保することも重要です。扉の中に市販のスチール製の棚を設置すれば、扉の造作のみでコストを抑えることができます。キッチンは全部を新しくするのではなく、塗装などでバージョンアップ。また、取っ手などはグレードの高いアンティークブラスに変更しました。取っ手はアクセサリーのようなもの。お金をかける価値のあるアイテムです。

No.3　間取りと家具のレイアウト

理想とする方向性と予算が決まったら、「いざ、リノベーション」です。でもその前にちょっと深呼吸。リフォーム会社やデザイナーを決める前に、空間のイメージを激変させる「間取りと家具のレイアウト」について考えてみましょう。

"間取り"とは部屋や廊下などの配置、"レイアウト"とは家具や収納棚などの配置を示します。〈U邸〉(P24〜27)の事例でもお伝えした通り、私がリノベーションを行うときに考えることは、「住まう人は何が好きで、どう暮らしたいか？」ということです。その希望を実現するために最初に考えるべきことは「空間がもっと広く、豊かに見える間取りとレイアウトはないか？」ということになります。

例えば、子どもがいなくなって二人生活になった夫婦ならば、小さな部屋はいりません。一人生活が続く予定の方でしたら、スタイリッシュな「見せる寝室」として、ベッドルームとリビングルームとを繋げて広いスペースにすることも可能です。料理が好きならば作業スペースを大きく取ったオープンキッチンに、和室を使わないならば畳を取り除いてバリアフリーの空間にするといったこともできます。このように、間取りを考え直すということは、空間作りにおいて、骨格を組み立て直すようなプロセスとなります。

戦後の日本の家の間取りは、廊下を長くして部屋を左右に細かく配置し、テレビをリビングルームの目立つところに配置するプランがほとんどです。でも今はテレビを観るにしてもパソコンやタブレット、プロジェクター、あるいは移動できるテレビも選べるので、テレビが中心ではない間取りを自由に考えられます。

テレビの位置が変われば、ソファーやテーブルなどの家具のレイアウトを変更できます。ダイニングテーブルをリビングの中心に配置し、テレビを観るための小さなコーナーを部屋の目立たぬところに配置するといったことも可能です。右ページ〈YK邸〉の空間の場合、遮光ロールスクリーンを窓の上に設置してあり、テレビや映画を観たいときは下ろして、プロジェクターで楽しめるようになっています。椅子はソファーのように重くて動かせないものではなく、移動が可能なイージーチェアにすることで、この空間を居間としてだけでなく、マットレスを敷いて寝るための空間に転換することもできます。

家電のレイアウトも大切です。例えば、リビングルームの中央に位置して目立つエアコン。目立たない場所に移動させるだけで存在感がなくなります。冷蔵庫、洗濯機、電子レンジなどの家電も同じです。扉を造作したりして目立たせないようにしましょう。

住まいを居心地よいものにしたいなら、リノベーションをすぐに実行に移すのではなく、どんな間取りや家具のレイアウト変更が可能か？　そのアイデアをまずは考えましょう。

美術館に行って、ゴッホ、モディリアーニ、セザンヌ、シャガール、ピカソ、ピエール・ボナール、東山魁夷、ピーター・ドイグ……いろんな作家の絵を見たら「この絵といっしょに暮らしたい」と感じる出会いがあるはずです。私にとって、野崎義成さんの絵には、そんな出会いがありました。水彩画から油絵まで、見える物ではなく、見える物の奥に漂う空気感とエネルギーを描き出してくれる、空間に彩りを与えてくれる画家さんです。〈YK邸〉

case study 2 F邸
間取りを変更して広々とした空間に

　間取りを変更したリノベーション例をご紹介します。case 1（P12〜13）のようなモダンなスタイルで、クローズドキッチンをオープンキッチンにしたいと希望されたFさん。構造を考えながら柱を残し、壁を取り払って間取りを変更しました。さらにキッチンやリビングの天井を高くしたことで、広々とした明るい空間を実現。黒いサッシを隠すために、窓まわりに曲線的な形状の壁を造作したうえ、漆喰を塗ってサッシの存在感をなくしました。

　パリに住んだ経験があり、素敵な絵画や調度品をお持ちのご夫婦なので、お二人で選んだアートを壁にかけることを前提に、ダウンライトの位置を考えていきました。南向きの明るい空間では、漆喰壁の色は光が差したときにアイボリーに見えるよう、あえて濃いめの色をセレクト（部屋の向きによって、発色が変わります）。また和のテイストも大切にされていたので、土壁のような雰囲気になるよう、漆喰壁の表面に少しざらつきを持たせるといった左官仕上げの工夫も施しました。

　家具のレイアウトは、出窓に中心点を作り、その中心に照明器具と家具を、両脇に絵画をバランスよく配置するようにしました（P127参照）。四角や長方形でないアシンメトリーな空間だと家具の配置は難しいと感じるかもしれませんが、中心点を定めて家具を配置できれば、その空間は個性のある空間となります。ちなみに照明の位置は最後に考えがちですが、中心点を決める要となるため、リノベーションで最初に考えなくてはならない要素です。

海外駐在時代に集めた絵画をたくさんお持ちのFさん。野崎義成さんの絵をより効果的に見せるため、照明器具を追加。

壁はざらっとした漆喰仕上げに。「すさ」という繊維材を混ぜて粗めに仕上げ、土壁のようなテクスチャーを出しました。

窓まわりには漆喰塗りのカーテンボックスを造作。曲線を意識した形状を作ったことで、空間に柔らかさをプラス。

四角ではない空間をバランスよく見せるには、家具のレイアウトがシンメトリーに見えるような工夫が必要。中心点となっている場所を作り出し、そこを中心に家具や絵画のレイアウトを考えることが大切です。この部屋は窓の中央を中心点としています。

動線が不便な作りだった台所を"コの字形"のキッチンに。オーブンや食洗機なども組み込み、収納力がアップしたことで、すっきりとしたキッチンを実現しました。換気扇はボードで隠すことで存在感をなくし、壁にはカウンタートップのグレーベージュと合うイタリア製タイルを。取っ手はアンティークブラスを選んでクラシックな雰囲気を演出しました。

夫の定年退職を機に、
二世帯住宅の"和"の一軒家をリノベーション

F邸　リノベーションDATA

家族構成／60代夫婦、トイプードル
(時々帰国する海外在住の息子一人)
築年数／戸建て　築25年
間取り／キッチンとリビング・ダイニングを一体化
延べ床面積／144㎡

［BEFORE］

✳︎リノベーションのきっかけ
「もともと二世帯住宅だった家。夫が定年退職したタイミングで、"終の住処"として二人でどう暮らしていくかを住まいから見直しました」

✳︎叶えたかったこと
「築25年ともなると内装や設備がどうしても時代遅れになってきます。モダンな雰囲気で、潤いのある環境にしたいと思いました」

✳︎予算の配分について
「北欧の家具や照明のある家にしたい、というのが第一の希望でした。工事費用とそれらの費用をどうやりくりするかが課題でしたが、行正さんと工務店さんのおかげで予算内に収まりました」

✳︎リノベーションをしてよかったこと
「空間が広くなり、部屋の印象が一変。特に天井が低い家だったので、リビング・ダイニングの開放感は以前と全く違います。いつでもお客様を呼べる素敵なリビングになりました。また、和風だった壁を洋風の漆喰風の壁に変えたことも大きいと思います」

✳︎大変だったこと
「今回は2階部分だけのリノベーションということで、住みながらの工事をお願いしたのですが、やはり工期中は窮屈でしたね」

✳︎断念したこと
「リビングルームをもっと広げたかったのですが、家の構造上難しく、残念ながら諦めました」

✳︎"ここは譲れなかった"ということ
「北欧風のインテリアに憧れていたので、人生で最後になるかもしれないリノベーションでその願い

を叶えたいと思っていました。行正さんのテイストが好きだったので、家具と照明のセレクトから、オーダーキッチンのデザイン(色やカウンタートップの材質なども)、壁の質感まで、自分の好みを伝えて相談しました」

✳︎現在の住み心地とお気に入りのポイント
「ラグやカーテン、絵の配置まで考えていただいたので、念願だったテイストに囲まれた、かつとても快適な空間となりました。料理をすることが好きなので、見た目に美しく、作業しやすいキッチンも気に入っています」

✳︎リノベーションをしたい人へのアドバイス
「リノベーションというと、間取りの変更にとらわれがちなのですが、壁、床、天井、家具、照明など、完成した部屋のトータルでのイメージを持つことが何よりも大事だと思いました。自分たちで考えるとひとつひとつのパーツだけで選んでしまいがちで、"そこだけ"はよくても全体の調和がとれなくなっていることがあると思うんです(そしてそのときには意外と気づかない)。俯瞰で見てコーディネートしてもらえる、自分たち以外の視点を入れるのはおすすめです」

✳︎＋アドバイス
既成のキッチンは奥行きが70cm前後、シンクは75cm幅で、シンクはカウンター側に設置されているのが一般的。F邸はあえて奥行きを65cm、シンクを65cm幅に。そしてシンクを壁側に収めることで、汚れものも目立たず、カウンターで食事が楽しめる空間となりました(P3参照)。

「リノベーションの前に考えるべきこと」チェックリスト

納得のいくリノベーションを進めるために考えておきたいチェック項目のリストです。
確認した項目には ✔ を入れていきましょう。

〈間取りや家具のレイアウトについて〉

■ 何人が住みますか？ "余計"な部屋や廊下をなくし、間取りを変更したいですか？

■ 家具や家電は今のレイアウトがベストですか？ 広く見せる方法はありますか？

■ テレビの位置、エアコンの位置は今のままでよいですか？

■ 冷蔵庫やオーブンレンジなどの家電類は、どんなデザインがいいですか？

〈自分に合うリノベーションかどうか〉

■ ストレスフリーなリノベーションがしたいですか？ それとも好きな空間を追求したいですか？

■ 好きなデザイナーはいますか？ どんなスタイルを生み出す人ですか？

■ クリエイティブなことを考えるのが好きで、DIYリノベーションなどもしてみたいですか？

■ リノベーションではなく「模様替え」で理想が叶えられることはないですか？

〈リノベーションで変更したいこと〉

■ 変えたいのは、水まわりなどの機能的なことですか？ それともデザインや見た目ですか？

■ リノベーションをするにあたって、コストについてリサーチしたことがありますか？

■ 一番お金をかけたいところ、次にかけたいところを考えてみましたか？

■ 壁を塗り替えるとしたら、何色がいいですか？

■ 家具を買い替えるとしたら、どこの家具がいいですか？

■ 模様替えでできることはないでしょうか？

〈予算が自由にあってリノベーションできるとしたら〉

■ どんなスタイルの空間にしたいですか？ モダン、クラシック、和、エスニック？

■ あなたの空間で、大切にしたいのは何ですか？ 料理、映画、本棚、庭？

■ 間取り、床や壁などの素材について、どんなものを選びたいですか？

■ 自分の「理想」を実現した事例を持つリノベーション会社があるか、調べてみましたか？

オーレ・ヴァンシャーのソファーを主役に考えた
リビングスペース。ラグによってスペースを仕切
った効果で、居心地のいいコーナーに。レイアウト
フリーテレビを選んで、テレビの存在感がなくな
ったことも部屋がゆったり感じられる理由。カー
テンボックス、柱まわりも漆喰で塗装し、柱と同様
の曲線を造作して柔らかい雰囲気に。〈F邸〉

ここまでの「リノベーションの前に考えるべきこと」を読んで、
イメージは固まってきたでしょうか?
でも、もしかしたら、あなたの理想の実現に必要なのは
大掛かりなリノベーションではなく、照明器具や家具を
一新するような"模様替え"かもしれません。
リノベーションだけが空間イメージを変える選択肢では
ありません。ここからは模様替えの事例を見ていきましょう。

模様替えすることでイメージを刷新した事例。以前は大きなソファーとテレビが置かれていた空間。存在感が大きすぎるソファーとテレビをなくし、同じ茶系で形が違う個性的なイージーチェアと、それらを繋ぐ丸テーブルを配置することで、ホテルのラウンジのような空間になりました。テレビは窓のロールスクリーンを下ろし、プロジェクターで観ています。〈YT邸〉＊BEFOREは『行正り香のインテリア』P64参照。

No.4 "模様替え"を選択肢に

多くの方は「家を変える＝リノベーション」と考えがちですが、解決策は必ずしもひとつとは限りません。空間に変化をもたらすには、リノベーションだけでなく、DIYや模様替えという選択肢もあります。例えば壁や天井。持ち家ならば、自分たちでペンキや珪藻土を塗ることもできますし、同様にテーブルや棚などの家具を塗ることも可能です。工事を入れず、自分たちで変えていくのもひとつの手です。

またDIYのハードルが高い場合は、「色を意識した模様替え」から始めてみるのもおすすめです。部屋の印象を劇的に変化させるカーテンやベッドカバー、クッションの色を変えてみる、壁に絵画をかける、照明器具や家具を買い足してみる……そんな工夫で空間の印象はガラリと変わります。空間全体が真っ白、または事務所のような黒やグレーがベースとなっている空間なら、色を意識した模様替えは効果覿面です。

リノベーションという観点からいうと、300万円という金額は大きな予算ではありません。でも、家具や照明器具、絵画や色を工夫するといった全体の模様替えを考えた場合、それは大きな予算を手にしたこととなります。リノベーションだけでなく、模様替えでどれだけ空間が変化するか、その事例を見ていきましょう。

絵の中のワインレッドとグレーをキーカラーとして、コーディネートした部屋。2つの椅子はあえて形と色を変えて、空間に動きを生み出している。コーヒーテーブルは配色を崩さないようガラス素材のものを。〈S邸〉

case study 3 S邸
照明と家具を見直す。模様替えで空間は変わる

こちらは絵画の購入をきっかけに「壁や床をリノベーションしたい」と相談を受けた〈S邸〉のケースです。建具や床の色が焦茶色ベースのため、雰囲気を変更したくなったとのことですが、こちらのマンションはまだ築浅で部材などは新しいので、「リノベーションで壁や床などを変更するより、同じ予算をラグ、家具や照明器具に使ったほうが、あたたかくてクラス感のあるイメージになるのでは？」と模様替えを提案しました。

お持ちだった野崎義成さんの絵（前ページ）から、Sさんがお好きなワインレッドとグレーをキーカラーとしてセレクト。ラグ、ダイニングテーブルやコーヒーテーブル、照明器具、クッションなどもこの配色で選んでいきました。ご希望だった銅のアーティチョークやPHランプも購入し、家具やキッチンカウンターとのバランスを考えながら、どの場所にどの高さで配置するかを決めていきました。キッチンのPHランプのペンダントを限りなく低く配置したことで、ほかにはない"One and Only"な空間が完成したと思います。

照明器具は部屋を明るくする機能的役割だけでなく、空間に浮かぶ「彫刻」、つまりアートとしての役割を果たします。高額な照明器具が必要というわけではなく、「どこに光を配置したら、蛍のような、月のような、太陽のような存在を屋内に作り出すことができるか」という想像力が大切です。ジャズやロック、いろいろな音楽を聴くのが趣味だというSさん。模様替えだけで、深夜まで音楽を聴いていたくなる特別な空間が作れたかな、と思います。

もともとは壁や床のリノベーションをという依頼
だったところを、実は施主が望んでいる住まいを
叶えるのは模様替えでは？と提案。色を意識して、
家具と照明器具、ラグや座布団がわりのギャッベ
などを揃えたことで、音楽が聴こえてくるような
空間となりました。

家具と照明で空間を一新する

　家具を大切にするデンマーク人も、好みのスタイルが変わったら古いものを売って新しいものを手に入れたりします。今は個人の家具も売ることができる時代。空間を変えたいと思ったらリノベーションを考えるだけではなく、家具や照明器具を一新するのもおすすめです。システムキッチンを200万〜300万円かけて新しくしただけでは家全体のイメージは変化しませんが、壁をDIYで塗って、照明を変え、家具や絵画、ラグやクッションといった小物で配色を変化させることで、家は劇的に変わります。

　限られた大切な予算で、あなたはキッチンだけを変えますか？　それとも配色や照明を変えての「模様替え」にトライしてみますか？　理想を叶える方法はひとつだけではありません。自分にとって居心地いい空間はどうやったら作れるのか、いろいろな選択肢を考えてみましょう。

上／好きな音楽を聴くスピーカーの近くにも、彫刻的な要素としてペンダントライトを配置。絵画とともに素敵なコーナーに。

下／トイレスペースも柔らかなライティングに変更。あたたかみのあるライティングと絵画で、トイレもひとつの居心地よい空間となります。

リノベーションではなく"模様替え"で理想の住まいを叶えたケース

S邸 模様替えDATA

家族構成／50代妻と娘二人（次女＆三女）
（長女は独立。夫は単身赴任中）
築年数／マンション　築8年
間取り／2LDK
延べ床面積／70㎡

[BEFORE]

✳ 模様替えのきっかけ
「5年ほど前に現在のマンションを購入。当時、物件を探していたときの優先順位は眺望、安全性、利便性でした。その後、素晴らしい絵画との出会いがあって、その絵に合うインテリアにしたいと思ったのが模様替えのきっかけとなりました」

✳ 叶えたかったこと
「現在の暮らしがよりよくなる空間。わが家はみんな食べることが大好きなので、家族、友人たちとの食事が楽しくなる空間、仕事から帰ってきてすぐにくつろげる、あたたかみのある空間を目指しました」

✳ 予算の配分について
「当初は面積の大きい壁や床を変えようと考えていましたが、目指したいイメージを叶えるにはむしろ工事を要するリノベーションを行うのではなく、その予算を配色を考えた家具やラグ、照明にかけることだと行正さんからアドバイスを受けました」

✳ 模様替えをしてよかったこと
「なんといっても照明です。帰宅後に点灯し、窓に映るあたたかいあかりのハーモニーと夜景を見た瞬間、心躍る気持ちとともにほっこりくつろぐモードに切り替わるのを感じます。おかげで日々リフレッシュできるようになりました」

✳ 悩んだこと
「インテリアって、やろうと思えばいくらでもできてしまうので、ゴールをどのように設定したらいいのかがわかりませんでした。理想のイメージの実現のためにはどこに、どれくらい投資するのがいいのかなど、自分だけで考えている時期は迷子状態で、実行に踏み出せませんでした」

✳ 断念したこと
「キッチンまわりの収納も変えたいと思っていましたが、予算と工事の大きさのため、今回は諦めました」

✳ "ここは譲れなかった"ということ
「長年憧れていた、美しい照明器具（アーティチョーク）を絶対に取り入れたいということ」

✳ 現在の住み心地とお気に入りのポイント
「キッチンに立っているときに見える窓とダイニングの鏡ですね。照明器具が幾重にも映って美しい眺めとなっています。また、2種類の大きなラグを敷いたことで、空間にあたたかい色みが加わったうえ、歩き心地、座り心地もよくなりました」

✳ 模様替えをしたい人へのアドバイス
「もともとインテリアが好きで、自分なりにこだわりながら考えてきましたが、理想とはちょっと違うな、いつか理想を叶えたいな、と思っていました。行正さんに出会って、心地よい空間にする模様替えは着手するのが早いほど長い期間楽しめる、と発想が変わりました。早めに情報を集めること、予算や空間には限界があるので、優先順位を決めつつ、プロに相談することが重要だと実感しています。わが家の場合、名作家具や照明器具をいくつか取り入れましたが、借り物感や冷たさは一切なく、むしろ懐かしい感じすらしています。ライフスタイルに合った家具、取り付ける位置や高さ、電球の種類にまでこだわった照明プラン、大きなラグによる床面のイメージ作りなど、明確なゴールに向けた細部にわたるプロデュースは自分たちだけではできなかったと思います」

No.5 空間の印象を変える3大要素

リノベーションと模様替えの事例をいくつかご紹介してきましたが、これらの空間の印象を大きく変えた要素は、何だったと思いますか？　明日から模様替えをスタートするにしても、リノベーションを計画するにしても、この3つの要素を意識すれば、空間作りが楽しくなります。

1 [サイズ] 大きな面積から考える

　空間の印象を決めるのはサイズ。つまり「大きな面積」です。場所でいえば壁、床、天井、家具でいえばキッチンキャビネット、収納家具、テーブルやソファーです。例えば壁。素材には壁紙、ペンキ、漆喰と3種類ありますが、それぞれ質感が全く違います。漆喰ならば仕上げの方法で印象が変わるし、色も大きな要素となります。白い壁は空間を広く見せる効果がありますが、白すぎると病院やオフィスのようになります。暗い色は空間を狭く見せますが、個性や落ち着いた雰囲気を醸し出します。まずはサイズ的に一番目立つ壁の素材を決め、それに合わせて床の色や素材、そして天井の仕上げをどうするかを順番に考えていくことで、全体に統一感が生まれます。家具も同様です。サイズの大きいテーブルやソファーをまず決めて、それからほかのものを選ぶと統一感を持たせることができます。空間の印象を変えるのは、サイズの大きなものです。

2 [配色] キーカラー・サブカラーを決める

　空間を印象づけるだけでなく、住まう人の個性を表現する要素は、「色」です。ありすぎてもなさすぎても、個性を表現する存在にはなりません。色の印象は、キーカラーとサブカラーをセレクトし、それらの色を繰り返し使うことで空間にリズムができて、印象に残るようになります。まずは自分の持ち物を観察して好きな色を2〜5色選び、小さなアイテムを選ぶときに意識することが大切です。例えば〈S邸〉(P40〜43)の場合は、絵画の中のワインレッドとグレーがお好きとのことだったので、この2色をキーカラーに、ラグ、椅子、クッション、ダイニングチェアの座布団、花台などをセレクトしました。色を決めればアイテムを探すときに条件が絞られます。配色は、空間イメージを変化させる大切な要素です。

カラーパレットを作ってみる

キーカラーを決定した後は、その色を基調としたカラーパレットを作ってみましょう。言葉やイメージで語るより、色紙やパソコンを活用して、グラデーションや、コントラストを生み出す色を組み合わせてみるのがおすすめです。カラーパレットを使って色を並べて見てみれば、それらが実際に合っているかどうかを目で感じることができます。本物の家具やクッションカバーを買って実験するのはお金がかかりますが、色見本を組み合わせるプロセスは誰でも試せることです。

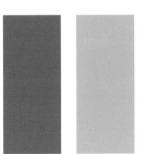

どんな色の組み合わせが合うか、合わないかは、自然を観察するのがおすすめです。たとえば薄いピンクと黄緑、青——これは「桜と葉、空」の組み合わせです。紫と茶色、若草色——これは「藤の花や枝、葉」の組み合わせ。自然は配色の組み合わせを教えてくれる先生です。迷った時は花壇や空、山の景色を思い浮かべてみましょう。〈YS邸〉

3 [形状]
曲線を取り入れる

　その空間に曲線があるかないかで、印象が全く変わります。直線的なデザインはシンプルで飽きがきませんが、どこかに優しさや柔らかさがほしい。そう意識したならば、四角い部屋に四角いテーブルを配置するのではなく、曲線を感じる丸や楕円のテーブル、イージーチェア、丸みを感じる照明器具を配置することができます。柱やサッシまわりに曲線を取り入れれば、空間に動きとあたたかみが生まれます。空間の印象を変えるのは、曲線という要素なのです。

漆喰で壁を仕上げる場合は、曲線が作りやすくなります。例えば、四角い柱を円柱にする、壁のコーナー、カーテンレールまわりを曲線にするといった工夫により、空間に曲線を取り入れることができます。重要なのは、直線と曲線のバランスを考えること。やりすぎてしまうと幼い印象になってしまうため、さじ加減が大切です。いろんな事例を見て、自宅の空間に曲線を取り入れられないか、どれくらい取り入れたらよいかを考えてみましょう。
上／〈N邸〉、下／〈YT邸〉

配色の例。ワインレッドとグレーをキーカラーとして構成された住まい〈S邸〉。ラウンジチェアにダイニングチェア、ラグやインテリア小物もこの2色を意識してまとめられた統一感が居心地のよさに繋がっています（P38〜42参照）。

面積が大きな壁、天井から考えたマンションの事例。"洋の茶室"を目指して壁は土壁に、天井はよしず素材にしました。家具の配色も壁や天井と同系色に統一。たくさんの色を混ぜないことで静けさを、廊下からの入口や窓まわりに曲線を施すことで空間に優しさ、柔らかさを表現しました。〈YK邸〉

一枚の絵画から
[サイズ・配色・形状]を考えて作った娘の部屋

2023年の夏、私は長女・かりんとデンマークのIKEAに行きました。コペンハーゲンから電車で約3時間の地方都市、オーフスに交換留学する彼女の部屋を整えるためです。住むのは学生寮ですが、用意されているのはベッドとサイドテーブル、机だけ。共用キッチンで使う食器も含めて、必要なものはすべて用意しなければなりません。同じ寮の生徒の部屋をチラッと見ると、私が一人暮らしを始めたときのような殺風景な部屋ではありません。ポスターや絵、観葉植物、棚には本が飾られてあり、まさに居心地のいいリビングルームのよう。さすがヒュッゲの国だな、と思いました。

IKEAに行く前に長女に聞いたのは「部屋をどんな雰囲気にしたいか？ キーカラーは何色にするか？」ということでした。私の仕事に同行し、インテリアやリノベーションの知識が少なからずある長女は「部屋のキーカラーは野崎さんの絵と同じ黄色にしたい。いかにも女子の部屋という甘い感じではなく、あたたかみはあるけれどすっきりした部屋にしたい」と言いました。小さなトランクに海とチューリップの絵を入れた時点で、すでに部屋の理想が描かれていたのです。IKEAに到着して、ミートボールでエネルギーチャージをしたら、P44〜47でご紹介した3つの要素を考えながら広い店舗を回ることにしました。

印象を変化させる3大要素を考えながらアイテムを選んでいけば、情報量で頭がクラクラしたり、セールだから買おうかなどと迷うことがありません。ひとつの部屋でもオフィスでも、大きなホテルや施設でも、この3つの要素を意識すれば、印象に残る空間を作り出すことができます。

心地よい空間は、大きいから、お金をかけたからということで生まれるものではありません。ワ

ンルームでも、病院のベッドまわりでも、オフィスのデスクでも、サイズが大きい部分、配色、曲線を加えることから工夫をすれば、素敵な変化が訪れます。まずは小さな空間からでもトライしてみてくださいね。

[サイズ]

部屋の印象を決めるのは「大きな面積」。寮の部屋の場合は、最初に目に飛び込んでくるベッドカバーです。キーカラーのベッドカバーとクッションを最初に探しました。

[配色]

キーカラーにしたいのは絵の中にある黄色。でも全体が黄色だと、落ち着ける部屋にならないかもしれないので、絵の中からブルーをセレクト。クッション、花瓶、キャンドル立てなどは黄色を。

[形状]

テーブルや椅子など、この部屋を形成しているのは直線。ならば、テーブルランプや花瓶、キャンドル立ては曲線がある、柔らかさを感じるものを選びました。

部屋作りのスタートとなった、野崎義成さんの絵画。部屋のベースとなった黄色と青はこちらからリンク。

ランプなどの小物はアクセントとなる黄色を選び、さらにフェミニンさを与える、丸みのある形状のものを。

[BEFORE]

何もない状態の部屋がこちら。何を置くか、何色のものを置くか。どんな部屋にするかはその人次第。

[AFTER]

一枚の絵から完成した部屋。黄色と青をキーカラーとして小物にもリンクさせた。希望通りの落ち着いた、居心地のいい雰囲気に。

case study 4 Y邸
サイズ・配色・形状を意識した「好きなものに囲まれる空間」

　こちらは照明器具の購入をきっかけにリノベーションを行った友人宅の事例です。ペンダントライトは、吊るす位置と高さによって印象が大きく変わるため、高さ調整のために伺ったところ、リビングのテーブル上に美しいあかりが生まれたことで、空間の魅力的な部分と改善点が浮き彫りになりました。そこで、以下の提案をしました。

・大きな面積を占めるビニールクロスの壁をアイボリー色の水性ペンキで塗装する
・同じく大きな面積を占める暗い色の床に、2枚のラグを敷く
・キッチンカウンターの側面にモールディングをつけ、マットなアイボリー色で塗装する
・ベッドルームとリビングルームを一体化させ、部屋全体を広く、明るく見せる
・テレビの場所を変更して存在感を抑え、リビングのソファーをイージーチェアに置き換える
・家具やラグを茶系のグラデーションの配色のもので揃えて統一感を出す
・壁の天井部分に曲線を取り入れて、部屋全体を柔らかいイメージに変える

　大規模なリノベーションを行うのではなく、自分たちでできることとプロに依頼することを分け、コストを抑えたリノベーションを目指しました。モダンでシャープな空間は、取り除いた壁の形状に曲線を取り入れることで、柔らかく自由な印象に変わり、そしてYさんの好きな本や旅で集めた置物が目立つ空間となりました。

　ペンキ塗りが終わった時、ワインを飲みながら、ココ・シャネルの言葉、"An interior is the natural projection of the soul"（インテリアとは心の表れ）を思い出していました。まさにこの部屋はプチリノベーションを経て、友人の自由で柔らかい心、そして旅と本を愛する冒険心を反映する空間になった気がします。

[BEFORE]

キッチンの隣のベッドルームの壁を取り除いて、リビングルームとひと続きの部屋に。インターフォンやスイッチ類を移動し、天井部分に曲線的な造作をしてもらった後、水性ペンキを塗って完成しました。壁を取り払うことで広さを確保できただけでなく、光が奥まで差し込み、明るい空間になりました。

テレビが主役のリビングから脱却する

　リビングルームの壁側に黒くて大きなテレビがあると、存在感が強すぎて、そこは「テレビの部屋」というイメージになります。テレビを移動できるものに変更し、ソファーをイージーチェアに変えれば、空間に広さももたらされます。「テレビルーム」というイメージの部屋が、「素敵な図書館」的な部屋になりました。

　本棚の前にはダイニングテーブルを。そして象徴的なペンダントライトを吊るしたことで、図書館でごはんを食べたり、ワインを楽しんだりしているような "One and Only" な空間となりました。

[BEFORE]

窓の近くにある大きなテレビとテレビ台。リビングルームに入って一番目立つ場所にあるため、どうしても「ここはテレビを観る部屋」という雰囲気。

ベッドルームに置いたレイアウトフリーテレビ。移動式なので、キッチンからもリビングからも観ることができるうえ、ベッドで楽しむこともできます。観ないときは壁沿いに置いて存在感を消して。

この部屋のフォーカルポイント（目をひく、中心となるもの）となるのは、美術書や料理書が詰まった本棚。本棚のセンターに照明器具を配置し、またそのセンターにテーブルの中央を持ってくることで空間のバランスを取りました。

モールディングを貼り付け、アイボリー色のペンキを塗ったキッチンカウンター。リビングで一番目立っていた黒っぽいキッチンの側面がアイボリーになることで、部屋全体が明るくなりました。

[BEFORE]

キッチン全体を変更するのはお金がかかりますが、ペンキを塗ったり照明器具を変えたりするだけなら、リーズナブルな金額で印象を変えることができます。

黒っぽい濃色から淡色のアイボリーへ。ツルツルとした質感の素材にペイントするのは素人では難しい。プロにまかせたほうが賢明です。

ビニールクロス壁を塗ってみよう！

「壁を塗る」というのは、それほど難しいことではないのに、大きな効果を生み出します。〈Y邸〉の場合も、ビニールクロス壁をアイボリーにペイントしたことで、これまでと同じペンダントライト、キャンドルのあかりも柔らかく反射する空間になりました。ここではビニールクロスの上から塗るプロセスをご紹介します。実は一番大変なのは「養生」です。時間もかかるし、忍耐力もいります。養生は好きな音楽（私の場合は80年代ロック）をかけながら、ノリノリでがんばりましょう！

〈必要な道具〉

[水性塗料]　お好みの色を。広い面積になるとサンプルより薄く見えることを考慮しましょう。

[ローラーとバケツ]　ローラーは幅15cm程度のものがおすすめ。広範囲の場所はこちらを使用。

[刷毛・筆]　狭い箇所、細かい箇所を塗る用として必要（写真下・中）。

[養生用アイテム]　マスカー（写真下・右）、マスキングテープ（写真下・左）。

[その他]　穴埋め下地パテ（必要な場合）、ハネ防止のゴム手袋や作業着。

＊いずれもホームセンターやネットショップなどで購入可能。

〈塗り方〉

1　準備をする

[壁の修理]

壁に穴やへこみがあれば、パテで埋めて平らに整えておく。前日までにやっておくのがベスト。

[養生]

壁と床の境界、窓枠、ドア枠といったペンキがつきたくないところに養生シート付きのマスカーを貼る（写真左）。壁と天井の境、スイッチなどマスカーを貼りにくいところにはマスキングテープを（右写真）。

[家具をカバー]

家具や家電など、ペンキから守りたいものは別の部屋、あるいは部屋の中央に移動。プラスチックシートなどで覆っておくとより安心。

2　ペイントする

[塗料を混ぜる]

水性塗料（詳しくは『行正り香の家作り』を参照）はよくかき混ぜる。

[塗料を塗る]

スイッチ類やドアの周囲など、細かい部分から刷毛で塗る。次に大きな面はローラーを使って塗る。全体を塗り終わったら、さらに二度塗りする。ローラーは均一に圧をかけるように扱うのがコツ。ムラがある箇所は時間をおいてから二度塗りを。

3　仕上げ

[マスカー、マスキングテープの除去]

ペンキが乾いたことを確認したら、マスカーやマスキングテープをゆっくりと剥がす。もしムラを見つけたり、塗料が剥がれてしまったりしたところがあれば、筆で塗り足して。

ダイニングテーブルからのアングル。今まではテレビとソファーがドーンと置かれた重い空間だったものが、テレビとテレビ台をなくし、ソファーをイージーチェアにしたことで、ソフトなイメージの空間となりました。レースカーテンは無地でヒダが多いものを選ぶと、エレガントな雰囲気になります。

壁にかけられた絵のグレートーンがキッチンのカウンタートップと繋がって、統一感が生まれています。部屋に統一感を持たせるには、「色で」「小物のスタイル（エスニックやクラシックなど）で」「形で繋いで」、などいくつか法則があります。

より明るく、より広くを叶えた
「部分リノベーション」の実例

Y邸　リノベーションDATA

家族構成／50代一人暮らし
築年数／マンション　築12年
間取り／2LDK→1LDK
延べ床面積／70㎡

✴リノベーションのきっかけ
「現在の住まいに大きな不満はなく、リノベーションは喫緊の課題ではなかったのですが、行正さん提案のプランを聞いて、行う意味があると決心。また、引っ越し当時から気になっていた箇所を変えることで、より居心地よく暮らせると思いました」

✴叶えたかったこと
「リモートワーク中心の生活で家にいる時間が長いため、朝から夕方まで光がもっと入る部屋に。そして、模様替えにより気分を変えたかった」

✴予算の配分について
「リノベーションというと工事費用ばかり話題になりがちですが、予算200万円のうち、実は工事関連の費用は80万円ほど。残りは模様替えの費用にかけました。優先順位としては、①ソファーをラウンジチェア2脚に変え、②ラグを新たに敷き直し（2枚購入）、③テレビをレイアウトフリーのものに買い替え、④ミラーを設置。予算内に収めるために壁はDIYで塗りました（P57）」

壁の一部をなくす部分リノベーションとキッチンカウンターの塗り替えという内容だったため、1週間ほどの工事に。引っ越しなどは不要でした。

✴リノベーションをしてよかったこと
「より明るく、広々としたLDKを実現。部屋でくつろいでいても、仕事をしていても気分が断然よくなりました。目に入るものすべてが自分好みというのは、思っていた以上にいいものです」

✴悩んだこと
「リノベーションのプランを考えていると、やりたいことが次々出てくるので、つい『ちょっとくらい予算オーバーしても』という気持ちがよぎります。優先順位をつけて整理するのが大変でした」

✴断念したこと
「キッチンカウンターを塗り替えたことに合わせて、パウダールームやドアの素材なども変えたかったのですが、予算に見合わず、今回は諦めました」

✴"ここは譲れなかった"ということ
「料理をするのが好きなので、キッチンの色を変えてお気に入りの空間にしたかった」

✴現在の住み心地とお気に入りのポイント
「壁と天井との境に曲線を作るというアイデアは部屋の印象が優しくなり、とても気に入っています。想像以上にすごい変化を生んだのが壁のペイント。漆喰のような質感で、光のあたりがふんわり柔らかくなり、今回のリノベーションの陰の主役です」

「ソファー人生からチェアへ。ポットチェアは素材も色もものすごい種類があり、行正さんのアドバイスがなかったら選ぶのが大変でした」上はフリッツ・ハンセンのHP。

✴リノベーションをしたい人へのアドバイス
「50代以上になると、自分の好みが固まってきていると同時に、物理的にたくさんのものを所有していると思います。それらを吟味・整理するのが"大人のリノベーション"にとって何よりも大事。何を変えて何を取り入れるか、リノベーションは決断の連続。P20〜21のようなイメージボードを作ると、予算コントロールにも役立つと思います」

No.6 リノベーション前に確定すべき4つのこと
①照明 ②家具 ③壁 ④床

いざリノベーションがスタートすると、工事はどんどん進んでいって、「思ったような空間にならなかった」と、完成後にがっくりくるケースがあります。ここでは、残念な結果にならないために、リノベーション開始までに確定しておきたい4つのことをお伝えします。

リノベーション開始前に確定しよう
①照明

私は以前勤めていた会社で映像制作の仕事をしていました。映像作りで照明は大事な要素です。照明技師さんが「重要なのは光を当てることではない。影を作ることだ」と教えてくれたのが、今も心に残っています。住まいの空間作りにおける照明も同じです。空間の美しさを引き出すためには、影を作り出すことが大切なのです。

影が重要となるのは、照明によって生じる影自体が空間に奥行きとコントラストを与え、見せたいもの、見せたくないものを振り分けていくからです。ただし、影の扱いには慎重さも求められます。過度に影が多い空間は、圧迫感を感じるし、部屋の目的に合わない場合もあります。キッチンのような場所では、影が手元の作業の邪魔にならない明るい照明が必要です。一方、リビングやダイニングは、ソフトな影を作り出すことで、リラックスできる雰囲気になります。

リノベーションをするときの照明計画で難しいのは、これらすべてを、何よりも先に確定しなくてはならないということです。天井や壁の変更を伴うリノベーションの場合、最初に行うのは電気工事だからです。どこにどんな家具を置くか、どこに絵画を掛けるか、そしてどこにペンダントライトを吊るすか、コンセントを設置するか……すべて最初に決めておかなくてはなりません。照明計画は、光の強さ、方向、色温度、そして影の形を考慮して行いますが、LEDダウンライトなどは器具のひとつひとつに特徴があり、どのメーカーを選ぶかによっても違いが出てきます。

どんなに素敵な場所も、陰影のない照明デザインではつまらない空間になってしまうように、どんな場所でも、調光を取り入れ、陰影のある照明デザインを行えば、そこは雰囲気のある空間へと変化します。「影が光をデザインする」ということを意識して、どのような間取りにして、床材はどうするかということの前に、どんな照明設計にするかをまず最初に確認して進んでいくことが重要です。

上／調理中はシンク上の棚下灯で明るく照らし、棚下灯を消せば、続くダイニング、リビングと同じ陰影を感じる設計に。設置されていた明るいダウンライトは外し、小さめの径のピンホールに変更。奥にはスタンドライト、カウンターにはペンダントライトを低めに吊るすことでキッチンに奥行きを出しました。〈YK邸〉

下左／絵画スペースに漆喰で凹凸を造作し（TIMELESSLIVINGの平田さん〈P104〉のアイデア）、ピンホール狭角ダウンライトを設置。廊下のダウンライトは中央ではなくあえて片側に寄せて設置することで、壁に光と影を認識できるようにしました。〈N邸〉

下右／玄関脇のニッチスペース。ひとつだけ置いた調度品が際立つように、ピンホール狭角ダウンライトを設置。埋め込み穴の径が小さいダウンライトを選び、調光できるようにしています。〈YK邸〉

空間を作るときに最初に考えるのは照明設計です。ペンダントライトをどの位置に、どの高さで吊るすか、掛け花の位置をどこにしてそれをどう照らすか。無の状態から想像しなくてはならない作業なので大変ですが、思い通りの陰影ができたときの喜びは格別です。〈YK邸〉

「照明器具の位置」「電球の種類とワット数」も確定しておく

光と影は空間をデザインする最大の魔法ですが、その力を活用することなく、単に部屋を明るく照らしているだけになっている空間が多く、もったいないと思うことが多々あります。「影をデザインする」という観点で考えると、光の位置、色温度、電球の選び方も重要です。

照明器具の位置

　ダウンライトやシーリングライトなど、照明器具がすでに設置されてしまっている場合も、電気工事の業者さんとの相談次第で照明器具の配置を再考することができます。位置、照らす範囲、光の強さ、影の形状を変化させることによって、ドラマティックな空間作りが可能となります。また、空間をより広く感じさせることもできます。

　読書や調理など明るさを必要とする場所では、

直接的に光を当てることを意識します。一方、ダイニング、リビングのような心地よさを求める場所においては、照明が柔らかく広がる、落ち着いた雰囲気を作り出すことが大切です。食卓は明るければよいというわけではありません。どんなに美しい料理を作っても、陰影のない、明るいだけの光では、盛り付けられた料理も器も引き立たないからです。また、壁にかける絵画や花、家具の質感を照らすためにも「どの位置に光を照らし、どこを影にするか」、事前に照明器具の位置を慎重に見極める必要があります。

照らしたい位置が決まったら、電気工事の業者さんに配線を施してもらい、目的に合った光を放つ照明器具をつけ、調光器で光量を調節できるようにします。天井から吊るすペンダントライト、壁に配線するウォールランプ、絵画を照らしたり、廊下に雰囲気を作ったりするダウンライトの位置も、すべて空間の雰囲気に関わります。まずは自分にとって「理想の照明」をデザインしているレストランやホテルなどの商業施設を見つけて、どのような器具を、どの位置に配置しているか、足を運んで観察してみましょう。

電球の種類とワット数

電球のセレクトも重要です。LED電球で白熱電球のようなあたたかみを出すには、「温白色」または「電球色」と呼ばれる色温度を選びます。単位はケルビン（K）で表しますが、私が好きなのは2400〜2700K範囲内の低い色温度です。また、明るさは一般的に60W相当を選びがちですが、幻想的な雰囲気を重視するなら、20W相当（170ルーメン程度）で十分です。「LEDスワンバルブ」「2400K」といったワードで検索して、電球を見つけてみてください。

LEDダウンライトはひとつでも十分明るいので、数を控えること、グレアレスタイプを選ぶこと、調光器をつけられるものを選ぶこと、また埋め込み穴は直径75mmに抑えておくのがポイントです。ダウンライトには角度をある程度自由に変えられるユニバーサルタイプを、天井からピンポイントで直下を照らす場合はピンホールタイプを選びましょう。ダウンライトにつける電球には狭角、中角、広角タイプがあります。私はほとんどの場合、狭角タイプを使ってわざと陰影を強めに出すようにしています。

白熱電球からLEDの時代となり、照明デザインも新しいスタイルが増えました。でも私が美しいと思うのは自然のゆらぎを感じる照明です。家の中でも機能的に明るさを求めると同時に、リラックスしたいときは月を、星を、そしてキャンドルで炎を感じる照明にできたらいいなと思います。

ベッドルームは、特に部屋全体を明るく照らす必要がない場所です。あえてシーリングライトをつけず、ウォールランプやスタンドライトの明かりだけを光源とするのも素敵です。〈YK邸〉

照明をデザインしよう louis poulsen

リノベーションでも模様替えでも、まず考えるべきは「照明」。
どんな照明器具を選び、どう照らすかを決める「照明デザイン」が、実は空間作りにおける最重要課題です。
そこで、デンマークの照明ブランド「ルイスポールセン」で、照明の選び方についてお話を伺いました。

「タスクとアンビエント」という照明提案

かつての日本人は、谷崎潤一郎の『陰翳礼讃』という本にもあるように、暗さとともに暮らしてきました。ところが近年の日本の家屋では、部屋という空間をまんべんなく光で満たすのが照明のあるべき役割と思われています。

ある調査によると、最近の日本の集合住宅はシーリングライト（天井に直接据え付けるタイプの照明器具）ひとつとダウンライト（真下を照らす小型のスポットライト）2〜3つ、という照明パターンが一番多いのだそう。高い位置から部屋の隅々まで明るくする照明器具1点に、それを数点のスポットライトで補うという照明方法では、空間は煌々と照らされて影が生まれにくく、素敵な雰囲気にはなりません。

ルイスポールセンでは、「タスク」と「アンビエント」を組み合わせることを提案しています。タスクライトとは、一方向だけを照らし出す照明。食事用、読書用など作業目的がはっきりした照明のことです。アンビエントライトとは、全体を照らすけれど細部までは明るくしない照明のことをいいます。どちらかだけではなく、この2つを組み合わせることで、機能的かつ雰囲気のある空間作りが叶うのです。

さらに、「アクセントライト」を追加すると、空間にメリハリが生まれ、より素敵な雰囲気が醸し出されます。絵画やオブジェなど、部屋の中でフォーカスしたいものを照らし出すと目にも楽しくなりますし、デザインが美しいライトを選べば、それだけでアクセントの役割を担ってくれます。

照明器具を探している方から、「○畳の部屋なんですが、このライトで十分ですか？」と尋ねら

れることがあります。照明はエアコンではないので、「十分かどうか」で決めるものではなく、照明ひとつで解決できるものでもありません。

北欧における照明の基本は「多灯」です。ひとつのあかりではなく、いくつものあかりで完成するもの、という考え方です。ペンダントライト、テーブルライト、フロアライトといった、形状も照らし出す位置もさまざまな照明器具で空間を彩ることが当然と思われています。

ヴァーナー・パントンが1971年にデザインしたスタンド照明を復刻。直径160mmの〈パンテラ ポータブル〉、ひとまわり大きい直径250mmの〈パンテラ 250 ポータブル〉の2種がある。軽量なうえコードレスなので持ち運びも簡単。お好みの場所に置くことができる。

長年、日本で一番人気というのがポール・ヘニングセンがデザインしたこちら、PHシリーズ。テーブルランプにフロアランプ、ウォールランプ、ペンダントライトというバリエーションに、支柱の色（真鍮、シルバー、黒など）、そしてシェードの素材もさまざまあるので、置きたい空間に応じて選ぶことができる。最初の数字は、3枚あるシェードのうち一番上のサイズを表し、次の数字は残り2枚のシェードの組み合わせを表している。＊写真手前のテーブルランプは、シルヴァー・クローム のPH 3 / 2 テーブル。

ペンダントライトは"飾り"じゃない

アーティチョークなど、デザイン性の高いペンダントライトは"飾り"と思われがちですが、明るさを確保しつつ機能美も実現している素敵な照明器具です。デザイナーであるポール・ヘニングセンは、いい照明を「眩しくなく、明るさのあるもの」と考えていました。眩しさがないのに、照らされる人の顔がきれいに見え、機能美も備えているのが理想の照明なのです。

ルイスポールセンでは、右の写真のように、ダイニングルームにおけるライトの吊り下げ位置として、「テーブルから60〜70cm上」をおすすめしています。頭がぶつかりそうにも見えますが、テーブルを挟んで会話しながら食事をしていると、照明の存在はむしろ消えて、心地いい光だけがお互いを照らし出します。

ちなみに、ポール・ヘニングセンのおすすめの吊り下げ位置は、なんと55cm。高身長が多い北欧の人々ですが、こんなに低い位置を理想と考えているのです。

照明器具の設置には、配線や取り付け工事といった事情もあるので、家具を選ぶのと同時にリノベーションの初期段階で決めるのがベストです。後から、違う位置へと修正するのは厄介なことになりがちです。例えば、ダイニングテーブルに対

して、ペンダントライトの位置はテーブルの中心にくるべきですし、絵画を飾る場所に合わせて、スポットライトの位置を決められるのがベストです。また、老眼などの問題も含めて、ある程度の明るさは確保したいと考えるのであれば、明るさをコントロールできる調光器を付けるのがおすすめです。

ポール・ヘニングセンは、「対数螺旋」の渦巻きを光のコントロールに応用。この数学的な美しいカーブを用いて、照明器具をデザインした。

限定モデルとして復刻発売された、〈PH ペール ローズ コレクション〉。ハンドメイドによる淡いピンク色のガラスシェードが美しい。ポール・ヘニングセンによるデザイン。

世界初のフラッグシップストア　ルイスポールセン東京ストア

ルイスポールセンは、1874年創業のデンマークの照明ブランド。このフラッグシップストアにはほぼすべての住宅向けプロダクトが揃っており、購入することも可能。ポール・ヘニングセンの代表作、PHシリーズやアーティチョークといった人気の照明器具を素材違いのバリエーションで実際に見ることができる。照明のインテリアコーディネートも提案してもらえるので、まずはご相談を。

所在地 東京都港区北青山3-2-2 AYビル 1・2F
営業時間 11:00〜19:00 不定休
TEL 03-5413-6166
https://www.louispoulsen.com/ja-jp/private/about-us/tokyo-store

リノベーション開始前に確定しよう
② 家具

家具はリノベーションが終了する頃に選びがちですが、それでは統一感のある空間はできません。家具は機能的ニーズを満たすためだけのものではなく、空間に美と個性を与えてくれる芸術品だからです。空間との「統一感」を意識しながら、どんな家具を配置していくか、リノベーション前にある程度確定しておきましょう。

スタイル

空間にスタイルがあるように、家具にもモダン、クラシック、ミッドセンチュリーなど、スタイルがあります。例えば右ページのクラシックな空間には、フィン・ユール、オーレ・ヴァンシャー、カイ・クリスチャンセンといった、デンマークのミッドセンチュリーモダンデザインを選んでいます。座る人を丸く包み込む形状、曲げて形成された曲線的なテーブルなどは、違うデザイナーのものを組み合わせても、統一感を与えてくれます。

素材、質感、色

家具は素材と質感、色の統一感も意識して探しましょう。空間をクラシックにしたければ、ローズウッド、マホガニー、ウォールナットなど、濃い色の木材で統一します。一方、軽い印象にしたければチーク、オークを選びます。素材も皮革ではなく布を選ぶならば、肌触りなどの質感を統一するのがおすすめです。色も重要です。クールな空間を求めるなら黒を基調に、落ち着いた空間を求めるならベージュを基調に選んでみて下さい。また、黒系、ベージュ系ばかりでまとめるより、いくつかビビッドな色を加えるとアクセントが生まれます。

配置

家具の配置にパターンを持たせるのもおすすめです。例えば、照明器具をフォーカルポイント（その空間で目立つ場所）として家具を配置。その下にラグを配置すれば、違うものをグルーピングしてひとつのコーナーを作ることができます（右ページ参照／〈YS邸〉）。リノベーション開始前に、家具のスタイル、素材や質感、色、配置を決めておくことで、空間は統一感のある、整えられた印象になるのです。

空間ができてからなんとなく家具を買い足し、いろんな素材を組み合わせるうちに偶然、統一感が生まれることも稀にあります。でもそれはデザインセンスがある人の場合だと思います。家族のメンバーがバラバラに思いつきで揃えていったのでは、洗練された個性は生まれません。ぜひ「美の統一感」を意識して、リノベーション開始前から家具を確定しておきましょう。

面積の大きな壁に工藤村正さんの絵とローズウッドのローボードを配置し、そのまわりにローズウッドに合う家具を組み合わせています。すべての家具材を統一することが重要なのではなく、額装や照明器具も含め、色の統一感を意識することが重要です。〈YS邸〉

50代から選びたい本物の家具 FRITZ HANSEN

家族の数が減ったり暮らしの状況が変化したりして、住まいを変えたいと思ったタイミングこそ、
家具を見直すいい機会。ふと気づけば、若いときに購入した家具が部屋にも自分にもしっくりこない、というのは
誰にでも起こりうること。そこで150年以上の歴史がある北欧・デンマークのインテリアブランド「フリッツ・ハンセン」で
大人のための家具の選び方を提案していただきました。

ポール・ケアホルムとアルネ・ヤコブセンの美

本書において、ダイニングテーブルにソファー
にと多数の作品が選ばれているのが、デンマーク
のデザイナー、ポール・ケアホルムです。その魅
力は「究極のシンプルさにある」と表現されたりも
しますが、いろいろなものを見てきた世代こそが
理解できる、本物のシンプルさだといえます。い
い素材を使い、削ぎ落とされたラインとフォルム
からなるミニマルなデザインは、和とも洋とも相
性がよく、どんな空間にあっても存在感を発揮し
つつなじみます。

アルネ・ヤコブセンが1959年にコペンハーゲンのSASロイヤルホテルのラウンジのためにデザインした椅子「ポット」（深鍋の意）を、オリジナルの印象的なフォルムを活かしつつ、「ポットチェア」として復刻。

アルネ・ヤコブセンといえば、日本では特にセ
ブンチェアやアリンコチェアといった名作椅子で
知名度が高いデザイナーです。ヤコブセンはまた、
エッグチェア、スワンチェアなどの数々の優れた
椅子も残していますが、50代からの暮らしでぜひ
取り入れたいのは、そうしたひとり掛けの「イー
ジーチェア」です。

特に、日本の住宅事情的におすすめなのがポッ
トチェア。見た目からは想像できないくらい、包
み込むような座り心地を叶えていて、華奢な脚と
のバランスが日本家屋にちょうどいいサイズ感と
なっています。ソファーの代わりにこちらを2脚
並べるのも素敵です（P10〜11、26ほか）。

日本のリビングルームは、大きなテレビの前に
大きなソファーが鎮座する、という配置がまだま
だ定番となっていますが、実はデンマークのリビ
ングルームの"花形"家具といえば、イージーチェ
ア。数々の名作椅子がそれを証明しています。

50代はこうした家具を購入する最後のタイミ
ングかもしれません。納得のできるいいものをぜひ
厳選してみてください。

イージーチェアとしておすすめの2脚。（左）ポットチェアと同様に、ヤコブセンがSASロイヤルホテルのためにデザインしたスワンチェア。（右）同じくヤコブセンデザインのエッグチェアも、今や不朽の名作として世界中で知られるアイコニック的存在。いずれもかつては鮮やかな色が好まれていたけれど、最近はグレーや茶色、黒といったどんなインテリアにもなじみやすいシックな色が人気だそう。

ポール・ケアホルムデザインのダイニングテーブルPK54™。本書でも多数紹介しているように（P13、15ほか）、円形と正方形、大理石（または御影石）と鉱物（スチール）という組み合わせの妙が、個性的ながら意外と合わせる椅子を選ばない。同じくケアホルムによる椅子PK15™は、洗練されたラインと繊細なディテールが美しい作品。ダイニングルームをエレガントに演出するセット。

もっと自由に素材を選ぼう

　1955年にアルネ・ヤコブセンによりデザインされたのがセブンチェア。20年以上前に日本でブームとなったときは、合板素材のものがアイコンとして有名になりましたが、今おすすめしたいのは、布や皮革地でくるまれたパディングタイプです。パディングの場合は合板素材と違い、滑らず体にフィットするので、疲れない傾斜のつき方と相まってダイニングチェアとして最適なのです。本国デンマークでは、合板素材よりウールのパディングが主流だとか。このデザインにはこの素材、と決め込まずにぜひ自由に家具を選んでみましょう。

　前ページで、大理石のテーブルトップにスチールの脚というダイニングテーブルPK54™をご紹介していますが、日本では、ダイニングテーブルの素材というと無垢の木という固定観念を持っている人が多く、フローリングの床に木のテーブル、木のチェア、とダイニングルームのインテリアを木材で揃えるパターンが一般的です。

　大理石も自然素材です。食卓においては和の器も洋の器も映えますし、メンテナンスも楽なうえ、経年で美しく変化します。木と大理石といった異なる素材を組み合わせて洗練された雰囲気を楽しむのもおすすめ。やや高価ではありますが、それだけの価値はある素材です。木材以外の選択肢も考えてみてはいかがでしょう。

　多少時間はかかりますが、素材や色、パディングなどの仕様を選べるのはオーダーならでは。置きたい空間に寄り添う一脚をぜひ見つけてください。

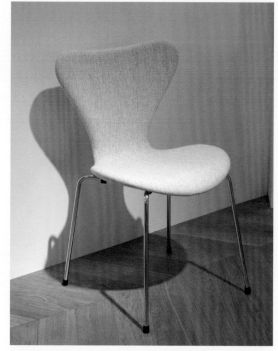

タイムレスなデザイン、かつスタッキングが可能、シートの高さが選べるなどの実用性もセブンチェアの人気の秘密。パディングの仕様は、フルパディングのほか、前面だけも選べる。

名作チェアのミニサイズは、元のアイコニックなデザインはそのままにリサイズしたプロダクト。子ども用としてだけでなく玄関に置いたりする使い方も。左から／アリンコチェア（3100、子ども用アリンコチェア）、子ども用グランプリチェア。

スペイン人アーティストでありデザイナーのハイメ・アジョン作の"イケバナ"。写真はロングタイプ（スモール、ラージもあり）。活けられた花一輪一輪が際立つフラワーベース。

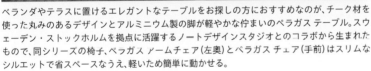

ベランダやテラスに置けるエレガントなテーブルをお探しの方におすすめなのが、チーク材を使った丸みのあるデザインとアルミニウム製の脚が軽やかな佇まいのペラガス テーブル。スウェーデン・ストックホルムを拠点に活躍するノートデザインスタジオとのコラボから生まれたもので、同シリーズの椅子、ペラガス アームチェア（左奥）とペラガス チェア（手前）はスリムなシルエットで省スペースなうえ、軽いため簡単に動かせる。

アジア唯一の直営店
FRITZ HANSEN TOKYO

1872年にデンマークで創業したフリッツ・ハンセン。世界的に有名なデザイナーたちが手がけた名作の数々に出会えるのがこちら。ポール・ケアホルム、アルネ・ヤコブセン、ハンス J. ウェグナー、ハイメ・アジョンなどの家具や照明からキャンドルスタンドといった小物にいたるまで、こちらのショールームで実際に見たり、座ったりすることができます。製品にもよりますが納期は約半年。家具はインテリアの最後の仕上げ、ではなくリノベーションの最初にオーダーしておくことをおすすめします。

所在地 東京都港区南青山2-27-14 1・2 F
TEL 03-3400-3107
営業時間 11:00-19:00 不定休
https://www.fritzhansen.com/ja/store-tokyo

限られたスペースでも美しい家具を CARL HANSEN & SØN

名作椅子、"Yチェア"として知られるCH24をはじめ、
ハンス J. ウェグナーがデザインした家具類を扱っていることで知られる「カール・ハンセン&サン」。
省スペース発想と美しいデザインを両立させる、日本ならではの家具の取り入れ方について伺いました。

スタッキングに折りたたみ。日本家屋と相性のいい家具

カール・ハンセン&サンといえば、木材。自然素材が使われていることが特徴的です。デザインがモダンであっても、自然素材が使われていることでどんなインテリアにもなじみやすく、しかも飽きがきません。

使用する木材はすべて認証された森からのもので、そのサステナブルな発想に惹かれるファンも少なくありません。1950年に発表されたCH24、通称"Yチェア"は、100以上の製作工程のほとんどが職人の手で、釘を一本も使わずに作られています。座面には一脚あたり150mもの長さのペーパーコードが使われていて、強度と耐久性に優れています。もし長期間の使用でゆるんだり破れたりしても修理が可能。ずっと使い続けることで、木材の経年変化の魅力を味わうことができるのです。

歴史ある普遍的なデザインながら、選べる木材は6種、仕上げもオイル、ソープ、ラッカー、カラー塗装から選べるうえ、ペーパーコードの色は2色あり、部屋のイメージや空間に合わせて、重厚にも軽やかな雰囲気にも、和でも洋でも、自在に組み合わせることができます。(木材により異なります)

限られた日本の居住空間に合う製品も多数揃っています。1997年にデザインされたMG501キューバチェアは、重厚感のあるデザインながら折りたたみが可能で、そのたたまれた状態ですら美しい逸品。こうした、持ち運びが簡単で移動しやすいプロダクトは、狭い空間であっても模様替えや雰囲気を変えたいときに、取り入れやすいものです。

ハンス J. ウェグナーがデザインしたダイニングテーブル、CH327(写真上)も長さのバリエーションが豊富で、家族の人数に合わせて選ぶことができます。

WE MAKE THE CHAIR, YOU MAKE THE STORY

デニッシュモダンの代名詞的存在であり、アームと背もたれが一体化した弧を描くフォルムが美しいCH24。こちらの"Yチェア"をはじめとした家具類を修理する職人がいるのは、デンマーク以外では実は日本だけ。本国へ送ることなく張り替えや修理をしてもらえるのはありがたい。

イージーチェアは50代からの楽しみ

　日本人の嗜好として、家具類は「全部同じ木材で」「全部同じ色で」と考えがちですが、必ずしも統一する必要はなく、むしろそれが最善でもないのです。そもそも木という素材は、ひとつひとつ味わいが違うもの。ホテルなどが典型的ですが、全部同じもので揃えると、フォーマル度が高い印象になります。ファッションで差し色を加えた着こなしをするように、インテリアでも素材をミックスしたり、アクセントとしてあえて違和感をプラスしたりするほうがむしろ洗練度が上がり、インテリアの個性の出し方としておすすめです。

　さらに、50代からのインテリアにおける新しい提案として「イージーチェアをぜひ取り入れてほしい」とのこと。家族が多いときは大型のソファーをリビングルームの主役として置きがちですが、大人数を想定しなくていいならば、これからは誰かの隣ではなく、ひとり掛けの椅子を置いてみてはいかがでしょう。写真下や右上のように、カール・ハンセン＆サンでは、さまざまなデザインのイージーチェアが揃っています。

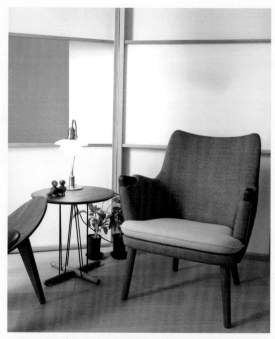

ハンス J. ウェグナーによるCH71 ラウンジチェア。洗練されたコンパクトなフォルムがタイムレスな魅力の一脚。ウェグナーのほかの椅子と同様、木製の脚とアーム、張り地を多数のバリエーションから選ぶことができる。

ポール・ケアホルムのオリジナルデザインから再現したダイニングチェア、PK 1。座り心地抜群なうえ、素材がペーパーコードとステンレススチールだけなのでとても軽く、スタッキングもできる。ミニマルなスペースでも使いやすい。

フォルムの端正さと機能性の両方を兼ね備えた、圧迫感のないデザインのTsugiシェルフ。「Tsugi」とは「継ぎ」を意味していて、精巧な日本の指物師の技を応用した継ぎ目がわからない作り。棚板は一枚ずつの購入が可能なので、壁の広さに応じて枚数を選べる。

"ママ・ベア"の愛称で知られるウェグナーのCH78
ラウンジチェア。個性的な曲線が作り出す彫刻的な
シルエットは、一脚あるだけで空間に個性を与えて
くれる。人間工学に基づいた体を包み込むようなデ
ザインで、座り心地も抜群。張り地はシックな色合
いのファブリック類、皮革から選べる。サイドボード
もウェグナーによるCH825 クレデンサ。収納力があ
り、圧迫感のない高さなので、日本の家屋になじむ。

ハンス J. ウェグナー、 ボーエ・モーエンセンなどの名作家具はこちらで
カール・ハンセン&サン 東京本店

ウェグナーデザインの家具はどこよりもラインナップが豊富
なので、現品を見てみたいと思ったらぜひ訪れたい。ボーエ・
モーエンセン、アルネ・ヤコブセン、ポール・ケアホルム、オー
レ・ヴァンシャーなどデンマークを代表するデザイナーの名
作椅子、家具類も揃っている。木材やファブリック、仕上げ方
法などを選んで発注する場合は納期がかかるので早めに相談
したい。一部の製品は在庫品リストから選ぶことも可能。

所在地 東京都渋谷区神宮前2-5-10 青山アートワークス
1・2F
営業時間 平日12:00〜19:00、土日祝日11:00〜19:00 不定休
TEL 03-5413-5421
tokyo@carlhansen.jp

唯一無二の家具で個性を　Luca Scandinavia

人と違った個性のある家作りをと望むなら、ヴィンテージのプロダクトという選択肢もあります。
ただ一方で、素敵だなと思ってもなかなか決断できない、という声も聞かれます。
そこで、北欧のヴィンテージ家具や照明、アートなどを取り扱う「ルカスカンジナビア」にて、
暮らしになじむものの選び方を教えてもらいました。

ヴィンテージ家具との出会いは一期一会

　いつもお店にあるものではなく、お願いすれば
すぐ見つかるものでもなく、魅力も価値もあると
はいえ買いやすい価格ではない……というのがヴ
ィンテージのプロダクト。

　そんなヴィンテージプロダクトを手に入れる
"意味"は、第一に、家具にしても照明にしても、
新しいものにはない味わいと歴史が醸し出されて
いるから。そして、ただ置いてあるだけで存在感
を放ち、その空間を素晴らしいものに変えてくれ
るということが挙げられます。また、近年の流れ
を見ていても、これらヴィンテージ品の資産価値
は上がり続けているので、投資的な意味合いやわ
が子にいずれ譲りたいという理由で購入される方
もいるとのこと。では、どういうプロセスを経る
と納得いくものに出会えるのかを、ルカスカンジ
ナビアの興石朋敦さんに伺いました。

　まずは「具体的なリクエストを。お店としても
探しやすく、提案しやすいです」。例えば、漠然
と「ダイニングテーブルを探しているんです」と伝
えるのではなく、「素材はローズウッドで、丸み
を帯びたフォルムで、4人用で、デザイナーは
……」というふうに、なるべく詳細に、ディテー
ルに落とし込むと見つかりやすいそう。あるいは、
お目当てそのものでなくても、こういうイメージ
のもの、という写真があるとベスト。

　また、ヴィンテージのプロダクトは個性が強い
ため、部屋の中で浮いてしまわないよう、壁や床
の色や素材を含め、全体のトータルコーディネー
トで考えましょう。そのあたりはショップで相談
してみるのがおすすめです。

存在感のあるキャンドルスタンドがあるだけで、空間が味わい深くなる。こ
ちらは真鍮製。ヴィンテージの家具はまだハードルが高いという人は、アンテ
ィークの小物を取り入れることから始めてみても。

デンマークを代表するデザイナー、フィン・ユールが1950年代に手がけたダイニングテーブルと椅子（BO63）。テーブルはチーク材の天板にオーク材の脚という構成で、エクステンションも可能。椅子のシートはロロ・ピアーナ インテリアのリネン生地で張り替えてある。

ロロ・ピアーナ インテリアのリネン生地で張り替えた1940年代のフリッツ・ヘニングセンのソファー（左）と、
フィン・ユールの名作チェアNV45（右）はローズウッドのヴィンテージ。

　ちなみに、「いいものが入ったら教えてください」というのは、こうしたお店での"あるある"リクエストですが、お店側からすると実はなかなか難題なのだとか。ものに出会ったときに「これが好き」と直感で決められる人が、"出会える人"。特にアート類は決断に悩む人が多いそうで、日頃から「こういうものが好き」という自分の好みを固めておくと、貴重な出会いを逃しません。

　「北欧の家具は質実剛健な作りのものもありますが、一方でデザインを極限まで攻めすぎて構造に無理のあるものも少なくありません」と輿石さん。

　デンマークの人たちの認識では、「家具は壊れるもの、メンテナンスが必要なもの」。木材などの自然素材は、何十年も経てば痩せていくうえに

接着剤もゆるんできます。家具は一度買ったら何もしなくていいというわけではありません。直しながら愛着を持って使い続けましょう。

壁の色と絵画の色、ライティングのバランスが素敵な例。ルカスカンジナビアでは絵画類も多数取り扱っており、額装も含めて相談に乗ってもらえる。

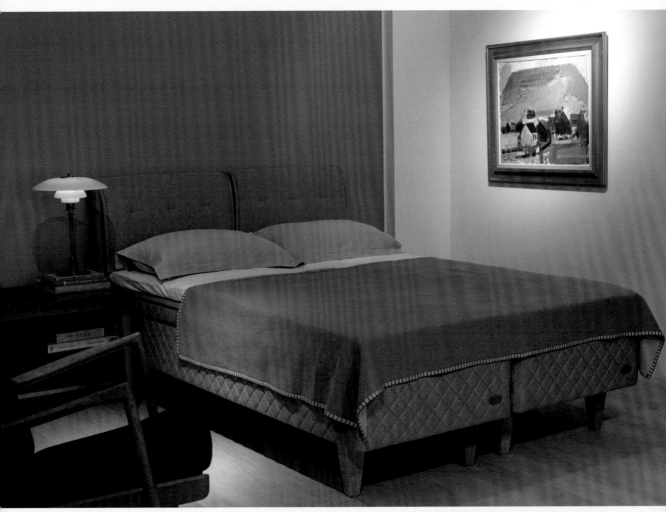

1926年創業のスウェーデンのベッドブランド、DUXIANA（デュクシアーナ）。独自の「連続ワイヤー相互接続スプリングシステム」と弾力性に優れたスウェーデン鋼による、柔らかいのに沈まない、浮遊感のある寝心地が特徴。言うなれば「水の入っていないウォーターベッド」。ヘッドボードは数種類から選べ、インテリアとしても価値のある"見せるベッド"。

北欧ヴィンテージが揃う随一のショップ
ルカスカンジナビア

輿石さんの目利きで選ばれた、クオリティの高い北欧ヴィンテージプロダクトが揃う。ダイニングテーブルにチェア、ソファー、キャビネットなどの家具から、テーブルランプやペンダントライトなどの照明、花瓶やミラーなどの小物、オブジェや絵画といったアートまで、取り扱う製品は多岐にわたる。店舗に展示されているのはごく一部なので、希望を伝えて探してもらうのが一番。北欧の最高級ベッドブランド、デュクシアーナ東京のショールームも併設している。

所在地 東京都中央区銀座1-9-6 1F
TEL 03-3535-3235
営業時間 12:00～18:00 水曜定休
https://www.luca-inc.com

リノベーション開始前に確定しよう
③ 壁

空間作りにおいて、壁の素材と色の選定は、その面積の広さから雰囲気に大きく影響を与える重要な要素です。壁にもさまざまな種類があるので、まずは違いを知り、リノベーション開始までにサンプルで実際のものを確認したうえで、決定しておきましょう。

壁紙

壁紙の最大の利点はデザインの多様性です。マンションでは、無難な白やアイボリー、ベージュが選ばれがちですが、多数の色、パターン、質感から選ぶことができるので、部屋の個性を表現しやすく、施工費用もおさえられる素材です。

水性ペンキ

水性ペンキも色が豊富です。においが少なく扱いやすいため、壁紙の上から自分で塗装することができます。簡単な作業ではないものの、不可能ではありません。ペンキを塗る際は、養生が重要になります。作業のプロセスは〈Y邸〉のケース(P52〜59)を参照してください。

塗り壁

左官技術を要するため、コストは壁紙や水性ペンキよりかかりますが、独特の質感があり、調湿性や消臭性、抗菌性にも優れていて、部屋に品格を与えます。塗り壁には漆喰、珪藻土、スタッコ、土壁などさまざまな種類がありますが、私はエレガントに仕上がる漆喰やスタッコ、そして土壁が好みです。漆喰と土壁では「すさ」という混ぜ物を加えることで、ニュアンスのある質感を生み出せます。一方、スタッコは大理石のようななめらかな表面が特徴で、光沢を活かした仕上げがおすすめです。残念ながら塗り壁が生み出す効果を写真でお伝えするのは難しいのですが、空間に入ったときのひんやりとした空気感には特別なものがあります。水性ペンキでは多彩な色を試すのが楽しいですが、塗り壁を選ぶ際は流行にとらわれず、漆喰やスタッコならばアイボリー、土壁は洋風家具にも合う淡い色を選ぶのをおすすめします。アイボリーといっても赤みや黄みが強いものなど色のバリエーションがあるので、必ずサンプルで確認を。土壁の場合は経年変化で色が変わるので、その変化込みで理想とする仕上がりをイメージして選びましょう。また、完成後の壁は面積が大きいため、色みが薄く見えがちです。小さいサンプルでは濃いめを意識して選ぶことも重要です。

ガラスブロック・ガラス

ガラスブロックを壁として活用すれば、窓がない部屋でも隣の部屋から採光することができます。ガラスブロックにはクリア、半分クリア、曇ったものなどいろいろありますが、私は透光半透視タイプを選ぶことが多いです。壁の中に窓を作って光を取り入れるのもおすすめです(〈N邸〉P16〜17、〈YS邸〉P88〜89)。

リノベーションの工事段階では、もしかして濃すぎたかしら? と不安だった京都のマンションの壁。仕上がってみたらちょうどいい塩梅のベージュに。この住まいでは、「洋の茶室」を目指していたことと、京都ならではの要素も入れたかったので、聚楽という壁を選びました。〈YK邸〉

この土壁には藁すさを混ぜています。左官屋さんはアーティスト。どれくらい混ぜて、どれくらい表面をなめらかにするかは匙加減です。これからの経年変化も楽しみです。

リノベーション開始前に確定しよう

④ 床

どのような素材、色の床を選ぶかによって、空間の印象はがらりと変わります。面積が大きくコストにも関わってくることなので、フローリング、カーペット、タイル、ラグなどの素材については、サンプルを見てリノベーション前に確定しておきましょう。

フローリング

　マンションなどで用いられることが多いのは木目模様を印刷したシートタイプのフローリング。合板の上に薄い天然木を貼った複合タイプ、天然木を活用した無垢タイプもあります。無垢の木材質感はすばらしいですが、床暖房などの熱で反ったり縮んだりするため、使える場所が限られます。おすすめしたいのは見た目が無垢とあまり変わらない複合フローリング。貼り方もいろいろありますが、フレンチヘリンボーンや朝鮮貼りは大人っぽい雰囲気になります。明るめの色がお好みならばオーク、暗めならばウォールナットがおすすめです。

カーペット

　フローリングより腰にやさしく、寝転ぶことができるので個人的に好きな床材です。タイルカーペットよりは、ロールカーペットを全面に敷き込む方法をおすすめします。素材としてはウールカーペットが高級とされ、優れた断熱性と吸湿性を持ち合わせています。次のおすすめはナイロンカーペットです。合成繊維のカーペットの中で最も一般的で、耐久性に優れています。汚れも落ちやすいため、メンテナンスの手間が少なくて済みます。色選びに関しては、ベージュ系、グレーベージュなど、木材と同様、あまり主張しない色のほうが飽きがきません。

タイル

　お風呂場やトイレなどにタイルを選びたい場合は、天然石と人工石の選択肢があります。天然石は質感がいいものの足触りが冷たく、冬は厳しく感じるので、私は人工タイルをおすすめしています。いろいろなメーカーが多種多様な製品を出していますが、個人的にはツヤ感がなく柔らかさや優しさを表現できるライムストーンの人工タイルを、ベージュあるいはグレー系からセレクトすることが多いです。

ラグ

　プリントフローリングの部屋を天然木のフローリングにするにはコストがかかりますが、ラグを敷けば目に飛び込んでくるのはウールなどの天然素材となり、空間のグレードが一気にアップします。存在感を消したいならば無地、彩りを与えたいならばオリエンタルラグがおすすめです。オリエンタルといえばペルシャが有名ですが、サルーク、ジーグラー、アフガン、キリム、そして中国や鍋島の段通など、モダンな家具に合う美しいパターンはたくさんあります。足元の心地よさを求めるならば、厚さは13mm以上あると快適です。ラグの下に防音・ズレ防止のシートを敷けば、さらに足腰にやさしくなります。

ラグを敷くのがおすすめなのはフローリングやタイルの床だけではありません。カーペットの上にラグを敷くことで、居心地のいい"cozy corner"を作ることができます。選ぶポイントは色みとデザイン、そして厚み。フローリングなら厚めを選ぶのがおすすめです。こちらは椅子に合わせて選んだシラーズ カシュガイ族のラグ。〈YT邸〉

ラグには空間を仕切る効果も。フローリングでも
カーペットでも、上にラグを一枚敷くことで、そこ
は独立した空間という雰囲気に。〈YS邸〉

No.7 部屋ごとの考え方を整理する

リノベーションを始める前に、部屋ごとにどのような目的を持たせ、どのようなリノベーションをしたらよいのかを整理しておきましょう。

トイレ、バス、パウダールーム

水まわりは、リノベーションの主な目的として最初に考えられがちな場所ですが、日々の生活に不可欠な機能性を備えつつ、同時に美しさを維持することが求められます。

トイレは清潔感を最優先に、便器など目立たせたくない要素は控えめなデザインをセレクトし

て、絵画や花などの装飾品に光をあてる照明で心地よさを演出しましょう。質感のある鏡を設置すれば、空間に広がりを持たせることもできます。

バスルームは、ユニットバスならば選ぶだけですが、フルリノベーションの場合は、バスタブのサイズやデザイン、壁のタイルにいたるまで、ほかの空間と統一感を持たせることが重要です。例えば居住空間がベージュトーンなら、タイルもライムストーンのベージュ系などを選ぶのがおすすめ。照明が明るすぎたら、調光器をつけたり、埋め込み穴が小さい照明器具を設置し直すのもおす

和を取り入れたトイレ。照明は掛け花にあたるように設置し、見せたくない洗面ボウルや水栓などにはあてないように調整。

小さな図書館のようなトイレ。照明器具を低く設置することで個性的な照明に。大きな鏡はスペイン製で、絵の額装に合わせて選んだもの。

すめです。

　パウダールームのフルリノベーションは、収納計画が重要です。タオル、化粧品、シャンプー類や洗剤といった日用品など、この空間に収納したいアイテムを洗い出し、整理整頓できるように収納家具を設計してもらいましょう。引き出し式にすると、スペースを有効活用できます。化粧品やアクセサリーなどを入れる引き出しは深さ8cm程度で十分です。

　乾燥機付き洗濯機を利用するならば、インナー類やパジャマもパウダールームに収納すると動線的に便利です。洗濯機の選び方次第で、パウダールームをすっきりまとめることが可能になるので、機能とサイズ感を考慮して選びましょう。大型鏡を設置すると、空間は広く見えますが、壁に強度を持たせる必要があるのでご注意を。洗面ボウルや水栓器具は、全体のトーンに合わせたスタイルをセレクトします。細部にこだわるほど完成した空間は美しくなるので、ショールームを訪れて、いろんなデザインに実際に触れてみましょう。

オリジナルで造作したお風呂。タイルの選び方でイメージが大きく変わるので、選ぶときは大きなサンプルを見て選ぶのがおすすめ。

パウダールームは、身繕いのためだけのものではないので、乾燥機付き洗濯機、タオル、インナーなどが入る収納まで考えて。

キッチン

　キッチンのリノベーションには、キッチンメーカーで丸ごとセレクトする、収納家具を造作して入れ替える、そして扉を塗装したりする部分的な"プチリノベーション"があります。詳しい方法は前著『行正り香の家作り』でお伝えしているので、ここではキッチンを心地よい空間にする方法をお伝えします。

　キッチンを心地よい空間にするには、照明とモノのセレクト、そして家電の選び方と隠し方が重要です。照明に関しては、自然光を最大限に活かすのが理想的なので、可能ならばオープンキッチンにして自然光を取り入れるのがベストです。作業スペースには明るく保つために棚下灯などを配置しますが、調理後もピカピカと明るくてはワインやコーヒーを楽しむ照明にはならないので、カウンターがあるキッチンの場合は、スタンドライトや調光可能なペンダントライトを設置して、雰囲気を変えられるようにするのがおすすめです。

　モノのセレクトにおいても、デザインに一貫性を持たせることが大切です。使用頻度の高いアイテムは表に出していることが多いので、まな板、包丁、ボウル、タオルホルダーなどは多少高くても美しいデザインのものを選ぶことで、機能性と美観のバランスを保てるようになります。

　冷蔵庫、電子レンジ、ミキサー、食洗機などの家電類は、私がキッチンをデザインするときはなるべく隠すようにします。冷蔵庫の場合、扉を特注して冷蔵庫に貼る、死角となるところに設置するなどの方法を取ります。電子レンジは小さなものを選び収納棚の中へ、オーブンはコンロ下に、食洗機はカウンター下に。ミキサーやコーヒーミルなどの家電類は、あらかじめそれら専用の収納棚を作っておくことで、すっきり見せることができます。

　照明器具などモノの選び方、家電をどう隠すかで、キッチンはただの調理場から、家族やお客様が集まれる心地よい空間へと生まれ変わります。

冷蔵庫、食器洗浄機を含め、家電類を隠せるように
デザインしたキッチン。カウンター上の棚は、頭がぶ
つからない程度まで高さを下げ、収納量を増やしま
した。家電用のコンセントも、すべて収納棚の中に。
〈YS邸〉

ベッドルーム

　ベッドルームは、寝るためだけの空間と思えば
物置のようになっていても構わないのですが、空
間に制限がある中でリノベーションするならば、
間仕切りをなくし、リビングとベッドスペースを
ワンルームにすることで居住空間をぐっと広げる
ことができます。

　写真は、ベッドの存在感をなくした事例です。
シンプルなデザインの低いベッドを選び、ヘッド
ボードは袖壁を造作してリビングから見えにくい
ように隠し、布団をクローゼットにしまうことで、
ベッドの存在を感じさせにくくしました。P48〜
49がお客様から見た景色です。ダイニングテーブ
ル近くに圧迫感のある壁があるのと、オープンに
なっていて空間が奥まで見わたせるのとでは、視
覚的に感じるスペースの広さが全く違います。ベ
ッドを隠すには、壁を一部分だけ作るほかに、天
井から木製ブラインドをたらす、ガラスブロック
を設置する、などいくつか手段があります。

　美しいベッドルームを作るには、配色、ベッド
自体のセレクト、照明の工夫が大切です。まず、
大きな面積を占めるベッドカバーは、部屋のキー
カラーに沿って選びます。こちらの空間は天井と
壁がグレーベージュなので、カバーもベージュを
セレクト。また、枕の存在感を隠すためにはキリ
ムなどのクッションもおすすめです。

　ベッドは、二人だからとダブルサイズをセレク
トするのではなく、幅が80〜90cmのシングルサイ
ズを2つ設置するのもおすすめです。また、高さ
のあるベッドは部屋を狭く見せるので、右写真の
側〈YK邸〉では椅子と同じ高さの46cmになるよう、
ベッドの脚をカットしてもらいました。

　ベッドルームの照明器具は雰囲気を作るだけで
なく、本を読んだりするときにも必要です。ここ
では、ウォールランプを2つのベッドの間に設置。
天井からのダウンライトは壁を照らすように設置
しました。ベッドルームならではの心地よい照明
を考えてみましょう。

こちらのベッドは、北欧の最高品質のベッドブランド、デュクシアーナのもの（P83）。壁と一体感のあるヘッドボード、低さが特徴のシンプルなデザインは、どんなインテリアにもなじみやすい。〈YK邸〉

ベッドスペースに、ワーキングスペースとコージーコーナーをプラスした部屋。ベッドを窓際に寄せることによって、仕事をしたり、お茶を飲むことができるスペースを生み出すことができます。また、色のトーンはオレンジブラウンで統一することで、形や素材が違う家具でもゴチャゴチャした雰囲気にはなりません。窓にはレースのローマンシェードをつけていますが、その奥には遮光ロールカーテンを設置。ベッドルームは暗くすることができるのも重要な要素です。〈YT邸〉

"老後を意識した家作り"を
どう考える?

50代を迎えると現在の仕事の終わりが見えてきて、模様替えをするにしてもリノベーションをするにしても老後を見据えた観点で考えなくては、と思う方がいらっしゃいます。ただ、活動的に暮らしたいならば、手すりの取りつけ(後からつけられます)や、滑りにくい床材への交換などではなく、趣味や理想のライフスタイルを長く楽しめる空間作りを目指すのがおすすめです。人生は、現時点で思っている以上に長い可能性があるからです。

私が50代から大切にしたいのは、料理ができてワインが飲めて、音楽やプロジェクターで観る映像を好きな人たちと楽しめる空間です。わが家の場合、たくさん持っている器には6セットずつ入れられる大きな収納が必要だけど、プロジェクターがあるからテレビ収納は不要。高さ50cm以上あるHarbethのスピーカーは室内に設置しても、アンプなどのオーディオ機器を隠す収納は必要です。そして部屋の空気感を作り出す、お気に入りの照明器具と絵画は重要……など、住まう人の個性に合った空間設計が必要となります。

お客様のために空間をデザインするときは「この方は何が好きだろう?」という観点から考え始めます。料理が好きならキッチンとダイニングを、植栽が好きならベランダを、本が好きならライブラリーを中心とした空間設計を考えます。好きなことが楽しめる空間を作っていくことが、その人にとって価値ある暮らしを支えていくと思うからです。例えば本が好きならば、本棚の前に食卓を配置して、ペンダントライトを吊り下げる。仕事をしながら、コーヒーを飲みながら、過去に読んだ本の背表紙を眺めれば、その空間が本の中に生きる登場人物と共存できる場所となります。音楽が好きならば、照明を暗く、音量を大きくしてジャズを聴けば、その空間はクリス・ボッティがトランペットを吹くBLUE NOTE TOKYOになります。すばらしい空間というのは、過去と今の自分を繋ぐ、時空を超えた場所となるのです。

老後を見据えた家作りをするならば、こうすべきというアドバイスに従うのではなく、「残りの人生をどう生きたいか?」を自分に問うことから始めてみましょう。何が一番大切か、何は諦められるか、何を空間に取り入れたらインパクトがあるか、考えてはメモを取り、理想の写真や空間、素材を見つけるまで、歩いて探索し続けましょう。

We only have one life.

いつかきれいにしよう、いつか好きなものを買おうと思っているうちに、人生はあっという間に過ぎていってしまいます。せっかく生まれてきたのだもの。少しだけでもいい、好きに生きていく工夫を始められたら素敵です。

私の理想の時間は、風を感じながら自分が作った料理をつまみにワインを飲み、音楽を聴くこと。もし都会でそれが実現しないならば、風を感じる風景を壁に掛け、心をエスケープさせます。好きなことをはっきりさせることが、空間作りの第一歩です。〈YK邸〉

人生も折り返し地点。
自分にとって心地よい"One and Only"な空間を作りたいなと思ったら、
それにはフルリノベーションが必要かもしれません。
でも、フルリノベーションにしても部分リノベーションにしても、
パッケージ型と、建築家やデザイナーにお願いする
フリースタイル型があります。
皆さんは、どんなリノベーションにトライしたいですか?

光を柔らかく通すガラスブロックが空間を仕切って
います。ペールブルーのスタッコ壁にし、ペンダント
ライトの土台に天井にメダリオンをつけることで個
性ある空間となっています。〈YS邸〉

No.8 フルリノベーションでできること

理想の住まいや暮らしが見えてきて、そしてそれが模様替えや部分的なリノベーションでは叶わないとなったら、取るべき手段はフルリノベーションです。ただフルリノベーションは、間取りを変えたり、キッチンを造作したり、と時間もお金もかけて行う大仕事。納得のいくフルリノベーションのためにはどういうプロセスを経るのか、予算をどう振り分ければいいのか、理想を実現するまでのステップを詳細な事例とともにお伝えします。

リノベーションの方法や進め方は複数あります。例えば、トイレやバスといった水まわりだけを変えたり、キッチンだけを変える、あるいは壁を一部なくしたり、壁紙を貼り直したりするといった「部分リノベーション」。こちらはバス・トイレメーカーやキッチンメーカー、造作家具屋さんに直接発注することができます。

家全体を「フルリノベーション」したい場合には、"パッケージ型"と"フリースタイル型"があります。ハウスメーカーなどが提案している"パッケージ型"は、キッチン、洗面台、床材や壁材などを数種類のパターンから選んでいく方法です。あらかじめ選択肢と価格が決まっているため、見積もりが取りやすく、進め方もスムーズです。一方、やりたいことが明確にあって、デザイナーや建築家にお願いしたい方の場合は"フリースタイル型"リノベーションを選ぶこととなります。

フリースタイル型を選ぶときは、その人の事例をくまなく見て、自分の目指しているスタイルを得意とするデザイナーや建築家なのかを見極める必要があります。モダンでクールな事例しかないデザイナーに、ナチュラルでクラシックな空間を、とお願いしても、お互いストレスになるだけです。

さらに、フリースタイル型でリノベーションを発注する場合は、実現させたいスタイルだけでな

く、間取りについてもよく考えておく必要があります。キッチンはクローズドかオープンか、廊下のスペースをなくせないかなどを検討してみましょう。自分の家の間取りをプリントアウトして、修正液で壁を消してみたり、追加で壁を描いてみたりして考えてみるのもおすすめです。ただし、マンションの構造には「壁式構造」と「ラーメン構造」の2種類があります。壁式構造の場合は、壁で強度を保っているため、間仕切り壁を撤去できず、隣り合う部屋に繋がりを持たせたリノベーションがしにくい場合が多々あります。まずは自分の家に関する情報を集めて、どのようなリノベーションが可能かを確認しておくことが大事です。

私がフルリノベーションの空間デザインで大切にしているのは、間取りの変更。なるべく廊下を減らしてもっと部屋を広げられないか、リビングの光を廊下まで到達させられないかをまず考えます。余計な間仕切りを取り払ってキッチンとリビングの分断をなくせば空間は圧倒的に広くなるし、壁にガラスブロックや窓を設置することで光がすべての部屋に入り、開放感も出ます。昔の日本家屋、そして欧米や韓国の家もそうですが、最初にみんなが顔を合わせる、光が差し込む場があり、そこから個別の部屋に入っていくというスタイルは、ある意味合理的で、心地よさを生む空間作りだと思います。

フルリノベーションを検討される方は、どのようなスタイルでリノベーションを行いたいか、またどのような施工業者とプロジェクトを進めたいかを考えておきましょう。

もともとはキッチンとリビング・ダイニングの間に壁があり、キッチンは閉鎖的で暗い空間でした。壁を取り壊してひと繋がりの空間にした結果、開放的で明るいキッチンに。〈YT邸〉

case study 5 N邸
スケルトンリノベーションで光にあふれた空間を

こちらはTIMELESS LIVINGの平田文男さんとデザインをご一緒させていただいたフルリノベーションの事例です。軀体や梁だけを残し、キッチン、バスなど、間取りのほぼすべてを新しく作り直して光あふれる空間を生み出すことができました。施主のNさんは**case1**（P12〜13／P103のキッチン）のような「モダンな、でもあたたかいグレートーンの雰囲気を目指したい」と、目標が明確でした。ただマンションの規約もあるため、実際に手を動かしてくれる業者さんを見つけるまでが大変でした。平田さんにお会いしたら、目指す方向も世界観も同じ。漆喰を大切にされているところや、曲線の取り入れ方や仕上げまで、共感することばかりの体験となりました。

間取りは施主さんのご希望を基本として、私たちはリビングの窓から入ってくる心地よい光と風をどうやって玄関まで届けるかに工夫を凝らしました。天井を高くしたり、廊下の余分なスペースを減らしたりして、広々とした空間を作り上げました。

床材の組み方はルーブル美術館をイメージしたフレンチヘリンボーン。幅を広く、角度をゆるやかなものにして、広い空間でも目が疲れないようにしました。キッチンの造作とドアなどの建具は、モールディングをつけてペンキ仕上げに。窓まわりは平田さんのアイデアで、カーテンが隠れるスペースを確保したうえで曲線の漆喰壁を造作。照明器具は施主さんの華やかさに合うブラスのアーティチョークを選び、天井にはメダリオン装飾を施しました。大人っぽく優しい雰囲気作りが叶えられたと思います（P16〜17参照）。

目指すゴールがはっきりしている施主さんと、TIMELESS LIVINGのように職人技を大切にする会社が組んだフルリノベーションは、新築をも超える心地よい空間作りが可能となります。

広々としたカウンターがあるアイランドキッチン。リビングルームと繋がっているスペースなので、冷蔵庫や電子レンジなどの家電類は見えないところに収納。すっきりした見た目も広々と見せるための大事なポイント。

フルリノベーションなら細かい希望も実現できる

　家電類の隠し方、冷蔵庫のはめ方、インターホンなど必需品の収め方、漆喰壁や造作家具の色みや仕上げ方など、ひとつひとつにこだわれば、より美しい空間作りが可能となるのがフルリノベーションのメリットです。

　〈N邸〉のキッチンの中央には大きなカウンターを造作。壁面にはカウンタートップのストーンや椅子の色みに合うタイルを選びました（右ページ参照）。シンクはあえて大きなカウンターの端に設置し、食事をするエリアと距離をおくなど、動線に配慮しています。また、シンク内にはカゴを設置し、洗った食器類を直接収納できるようにしました。いずれも施主さんのアイデアです。

　冷蔵庫はテレビ、エアコンと並んで、美観を損ねる大きな家電。どのようなものを選ぶかによって空間の印象はだいぶ変わってきます。P92〜93のようにキッチンの扉と同じものを造作して取り付ける、塗装するといった工夫を検討することもできます。どれだけ美しいキッチンを作っても、家電類で現実に引き戻されるのはもったいない。最初からどんなデザインの家電をどこに配置するかを考えておきましょう。ちなみに、〈N邸〉では目立たせたくないゴミ箱などはシンクの近くに配置。小分けになったものよりも収納量が多い、2つに分かれたタイプのハーフェレのダストボックスを選びました。

　ちなみに、漆喰にもいろいろな種類があります。狭い空間ならば表面がつるんとしていても美しいのですが、広い空間となると冷たい印象にもなりがちです。むしろ表面に凹凸のある、少しざらつきがあるほうが、ニュアンスが生まれます。巾木も存在感のある幅の広いものを選び、広い空間に立体感を持たせています。

冷蔵庫と同様に存在感のあるワインセラーも、作り付けにして壁と同色のドアを造作。部屋の雰囲気になじんでいます。

平田さんのアイデアで、インターホンやスイッチ類は目立たない場所に移動。壁にくぼみを作って埋め込んだことで、廊下から見えません。

しっかり幅を取ったカウンターは、作業スペース
としても十分な広さ。食事はもとより、子どもたち
が勉強するスペースにもなっているそう。

フルリノベーションで知っておきたいこと

部分リノベーションもフルリノベーションも、規模が変わると、それに伴うプロセスと予算設定が変わってきます。どのタイプも「理想がはっきりしていること」が重要ですが、フルリノベーションの場合は特に、予期せぬ出費にも対応できるよう、予算を決める際に余裕を持たせることが大切です。マンションの躯体によっても条件が変わってくるからです。またリノベーションという一大プロジェクトを任せる建築家やインテリアデザイナー、施工業者を選ぶときは、長い付き合いとなることを考えて（フルリノベーションの場合は、家を建てるのとほぼ変わりません）、慎重に選ぶ必要があります。過去の事例を参考に、希望するスタイルを実現してくれるかどうかを判断していきましょう。このプロセスを省いてしまうとお互いにとって時間のロス、そして大きなストレスとなります。

スケルトンタイプのフルリノベーションの場合は、施主の希望を建築規制を守りながら進めていくことが重要となるので、知識豊富な方と組むべきです。デザインを考える際も、単に見た目の美しさだけでなく、住みやすさや機能性、将来的なメンテナンスのしやすさまで考慮してくれる方にお願いしましょう。オリジナルで造作すれば、多少の不具合はどうしても起こってしまうもの。「予想通りにいかないことが起こるのがフルリノベーションだ」と心の準備をしておくといいと思いますし、いざ工事が始まっても、施工業者やデザイナーと随時コミュニケーションを取ることをおすすめします。

また、当初の計画から外れた変更をお願いするときは、すべてコストに反映されるということも認識しておきましょう。素人にはわからないからとスルーしがちですが、間取りの平面図だけでなく、立面図、イメージ図を確認することも大切です。フルリノベーションは一軒の家を建てるほど大変なことですが、だからこそ面白く、一生の思い出となるはずです。

暗かった玄関に光が到達するよう、建具はガラス付きのドアをセレクトしました。自然光が廊下まで届き、漆喰の美しさを引き立てます。

トイレも漆喰仕上げ。水が壁を汚さぬよう、側面の一部はタイル仕上げに。ウォールランプを入れたことで、柔らかさが生まれました。

家事動線に優れた暮らしやすい家へ
フルリノベーションした実例

N邸 リノベーションDATA

家族構成／40代夫婦、娘二人、小型犬 2 匹
築年数／マンション 築21年
間取り／ 4 LDK + 2 Bathroom → 4 LDK + 1 Bathroom
延べ床面積／228㎡

✳リノベーションのきっかけ
「これまでにも戸建てやマンションのリノベーション経験が 3 回あり、自分好みの間取りやインテリアに変えてきました。今回の引っ越しでは、当初は新築物件を探していたものの希望に見合うものがなく、中古物件を住み心地よく変えようということで行正さんにお願いしました」

✳叶えたかったこと
「これまでのリノベーション経験から、家事動線に優れた間取りは必須条件だと思っています。収納スペースがしっかり確保された、落ち着いた空間作りも心がけました」

✳予算の配分について
「当初考えていた優先順位は、①間取りの変更(リビングルームを広く見せるために天井を高くする、ガラスブロックの設置など)、②照明器具の購入(アーティチョーク)、③壁を漆喰に、④キッチンのカウンタートップ素材をシーザーストーンに、⑤床の張り替え、⑥水まわり、でした。家具については少しずつ揃えようと思って、以前の住居から持ってきました。実は、ヘリンボーン貼りの床とカーテンは予算的にオーバーしていましたが、譲れない部分だったのでその分だけ上乗せとなりました」

✳リノベーションをしてよかったこと
「まずは漆喰の壁です。壁紙クロスと違う良さがあり、じんわりとその良さを感じています。また、普段の家事動線をイメージして図面に落とし込んだので、とても住みやすい間取りとなり、省スペースと家事の効率化が実現できました」

✳悩んだこと
「リノベーションを望んでいる誰もがぶつかる悩みだと思うのですが、好みのテイストに仕上げてくれる担当者、工務店を探すことが最初の難題でした。また、マンションの規則によりそもそもできないことがたくさんありました。例えば、ガラスブロックの設置については、重量や耐震性などの面で何度も交渉が必要でした」

✳断念したこと
「テレビの設置方法。隠せるような造作家具を検討しましたが、予算に見合わず削ることに」

✳"ここは譲れなかった"ということ
「家事動線と収納です。この 2 つの要素が確保されていないと散らかる原因になります。別荘ではないので、素敵な空間に作り込んでも住みづらいのは避けたいと思っていました」

✳現在の住み心地とお気に入りのポイント
「理想的な空間に仕上がったと思っています。特にリビングルームは、行正さんが『より広く、より明るくするには？』と考えてくれたので、日が暮れてからも美しい光に囲まれた空間になりました」

✳リノベーションをしたい人へのアドバイス
「日頃から雑誌やインスタグラム、ピンタレストなどから『好きだな』と思うテイストのものをピックアップして、理想の住まい、暮らし像を固めておくのが納得のいくリノベーションの秘訣だと思います。あるいは、好きな家具や照明器具からイメージを膨らませていくのも手ですね。ぜひおすすめしたいのが漆喰の壁。見た目も美しいうえに、調湿機能もあり快適な空間が叶います」

知っておきたい
フルリノベーションのプロセス

リノベーションのプロセスは下表のようになります。あらかじめ知っておけば、自分たちが今どの段階にあるか、確認しながら進められます。

リサーチ（アイデアの収集）：
間取りやスタイル、デザインに関するアイデアを収集し、自分の理想とするリノベーションのイメージを固めます。

■ **リサーチ**
（アイデアの収集）
↓
■ **コンセプトの明確化**
（変えたいことと予算）
↓
■ **デザイナー・施工会社選定**
（設計事務所、工務店など）
↓
■ **プラン相談**
（見積もりと契約）
↓
■ **プラン確定**
（設計と許可申請）
↓
■ **解体**
↓
■ **電気**（配線）**工事**
↓
■ **大工仕事**
（天井・壁・床の施工、塗装、造作家具設置等）
↓
■ **照明器具の設置**
↓
（完成と引き渡し）
↓
■ **絨毯／ラグ、家具などを設置**
■ **絵画などでデコレーション**

コンセプトの明確化（変えたいことと予算）：
改装したい範囲、スタイル、間取り、必要とする収納家具など、リノベーションの目的と予算をイメージしていきます。この段階からデザイナーに相談することもできます。

デザイナー・施工会社選定：
設計事務所や工務店など、プロジェクトを任せる信頼できる施工業者を選定します。長い付き合いとなるので、理想を実現できそうということとともに、気が合う人を選ぶことも重要です。

プラン相談（見積もりと契約）：
リノベーションの詳細について相談し、実行する内容を決め、見積もりを取ります。その後、いつ工事をするか、費用はいつ支払うかなどの契約を結びます。

プラン確定（設計と許可申請）：
設計図を確定し、必要に応じてリノベーションの許可申請を行います。マンションによっては時間がかかる場合もあります。

解体：
既存の内装や構造を取り除く作業を行います。

電気（配線）工事：
ペンダントライトやダウンライト、コンセントの位置に配線工事を行います。＊照明器具は位置を確定する必要があるため、同時に家具の配置も決めておく必要があります。

大工仕事：
天井・壁・床の施工、塗装、造作家具の設置など、木工に関わる作業を行います。

照明器具の設置：
デザインと機能性を考慮した照明器具を設置します。

完成と引き渡し：
すべての工事が完了したら、最終確認を行い、住宅が引き渡されます。

絨毯／ラグ、家具などを設置：
家具や絨毯を配置します。海外製の家具などは納品までに5〜6ヵ月かかるため、事前にオーダーしておきます。

絵画などでデコレーション：
壁に絵画を掛ける、調度品を飾るなど、最終的なデコレーションを施します。

以上のプロセスを踏むことで、理想的なリノベーションを実現することができます。各ステップで専門家と綿密なコミュニケーションを取り、計画に沿って進めていきましょう。

やりたいことの優先順位と
実現度でプランを決める

リノベーションにおいて大切なのは、「限られた予算内で最大の価値を生み出すこと」。そのためには、まず全体の予算を明確に設定し、何をしたら最も効果をもたらすか、優先順位を検討する

ことが重要です。家族構成の変化や将来の生活スタイルの変化に対応したリノベーションが目的か、あるいは水まわりなどの機能的な問題を改善するためのリノベーションかなど、目的によって施工業者の選び方が変わってきます。

個人の好みや趣味を反映させたフリースタイルのフルリノベーションも、快適な住空間を実現するためのセレクトです。でも決めることが多くなればなるほど、"船をこぐ船頭さん"は一人が理想。何人もの人がいろいろ言っていたのでは、調整の連続となり、実行に移すまでに時間がかかってしまいます。パートナーとのバランス、またご自身の性格（次から次へと決めていくことがストレスと感じないかなど）によっては、多少自由度が下がっても、フリースタイル型リノベーションよりパッケージ型リノベーションを選ぶべきかもしれません。

また、リノベーションより先に考えておいたほうがいいのは、「今住んでいる家が終の住処であるか」ということ。思ったより長生きする可能性があるのが、人生というもの。ならば、多少狭くても心地よいところがいいか、あるいは立地が不便でも広いところがいいのか、長期的な視点で不動産取得の段階から計画を立ててみましょう。

「決めることが多すぎるのも困る」
という人は一定の選択肢から選ぶ
パッケージ型リノベーションもおすすめ

パッケージ型リノベーションは、フリースタイル型のフルリノベーションに比べて選択肢が少ないことが魅力のひとつ。床材、壁の仕上げなどは種類が無限にあって、なかなか決めきれません。また条件が違うところに施工すると、思わぬ不具合も起こりえます。それに比べてパッケージ型は、どの家にもある程度合うようになっていて、トライ＆エラーを重ねているので、アフターケアも安心。決めるのが苦手、あるいは思い通りに結果が出たほうがすっきりするという方は、パッケージ型もおすすめです。

リビングデザインセンター
OZONEの
家作り紹介サービス
フリースタイル型リノベ、パッケージ型リノベともにコンサルタントがサポート。予算から依頼先選び・契約・設計・工事などをアドバイスし、家作りの進行をお手伝いします。
＊新築や建て替えも受け付けています。

case study **6** YK邸
洋のマンションを和へフルリノベーション

リノベーションのご相談が増えてきたので、私は関西にもスタジオを作りたいと考えていました。東京にあるcase1（P12～13）の自宅〈YT邸〉は北欧＋ダン、case2（P14）のスタジオ〈YS邸〉は北欧クラシックというイメージなので、case3（P15／〈YK邸〉は北欧と和の融合にしたいというコンセプトは決めていましたが、まだ「これだ！」というイメージが湧かずにいました。そんな折、前述したようにイタリアのヴェニスで、建築家カルロ・スカルパに出会いました。

カルロ・スカルパ（1906～1978年）は、ヴェニス生まれ。独特なデザインと素材への深い理解で知られている建築家です。旅の途中、サンマルコ広場にあるオリヴェッティ社のショールームに入った瞬間に衝撃を受けました。スカルパがデザインした照明器具などを見てまわりましたが、伝統的な壁やタイルの技術と、真鍮などを活用した直線的で現代的なデザインの合わせ技は、類を見ないインパクトがありました。タイル、コンクリート、スタッコ壁、木材、真鍮などの素材をただ使うだけでなく、それらを新しい方法で組み合わせることで空間に独特の質感と雰囲気をもたらしていたのです。

その後、スカルパについて調べていくと、日本の建築美学から深く影響を受けたことで知られており、彼の作品には日本の技術や素材への敬意が反映されているということも知りました。家具デザイナーのポール・ケアホルムやアルネ・ヤコブセンも日本から影響を受けていましたが、イタリアのヴェニスという美の象徴のような場所で生まれた彼も日本に美を見出していたなんて、うれしいなぁと心底感動しました。

「京都のマンションという空間をスカルパがデザインするとしたらどうするだろう？」と想像したときに感じたのは「彼はスタッコ壁や木材のかわりに土壁やよしずを使い、どこでも活用していた真鍮は、京都でも必ず使うだろう」ということでした。こうして小さな出会いと想像から、空間の世界観が出来上がっていきました。

住まう空間をデザインしてフルリノベーションに落とし込んでいくというのは、トライ＆エラーの連続です。新たな組み合わせに挑戦するのはドキドキします。でもすべてのピースがうまく組み合わさったとき、最高のライブを聴いたときのような、言葉では言い尽くせない心地よさを味わうことができます。

ここでは、カルロ・スカルパからインスピレーションを受けた和のリノベーションの実例を詳しくご紹介します。スカルパがアクセントに使っていた真鍮を巾木と廻り縁に用い、オリヴェッティ社の木の天井（右ページ／左上）のかわりに、茶室で使うよしずを天井に貼りました。またグレートーンのスタッコ壁やコンクリート（同／右上、左下）のかわりに、グレートーンの土壁を（次ページでは照明により黄色く見えていますが、日中の自然光の下ではグレーがかっています）。そして彼が置物の彫刻にも真鍮を選んでいるので（同／左上）、彫刻のかわりとなる照明器具には真鍮を選びました。スカルパというインスピレーションがなければ、生まれなかった空間です。

旅に出たら、アートやレストランを楽しむだけでなく、いろんな建築を見てまわるのもおすすめです。どんな床材、壁材を大切にしているか？ どんな形状、配色で、どういう装飾を施しているのか？ そして作り手は、訪れる人にどんなメッセージを伝えようとしているのか？ 考えながら見ていくことで、その空間がもたらす独自の雰囲気を心でつかんでいくことができます。旅は発見の連続です。

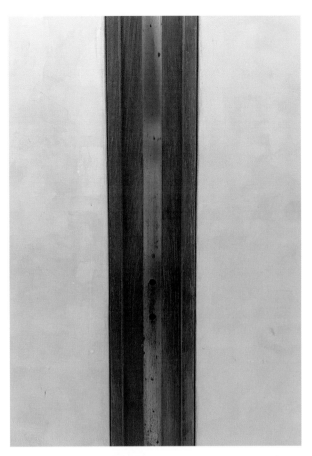

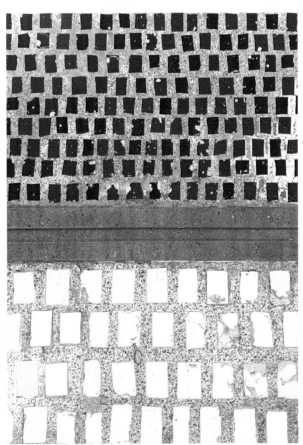

「カルロ・スカルパが京都に来たら」という発想で、スタッコ壁や木の天井を、土壁やよしず天井にするのではないかと想像しながら作った空間。真鍮の照明器具や巾木、廻り縁が互いに呼応しながら静かな光を放つ、心地よい空間となりました。

フルリノベーションの
プロセス詳細

■ 予算配分を考える
間取り変更、壁・床・照明・家具の優先順位は？

　リノベーションするのに壁、床、天井すべてにお金をかけていたら、予算が膨らんでしまいます。プリントタイプのフローリングを複合フローリングに変えて、無垢な木の感じを出したかったのですが、予算の都合上、変えないことに。最優先で変えたかったのが壁だからです。土壁を選べばそれなりにコストはかかりますが、私にとっては何よりも重要な要素です。case1、case2を担当してくださった施工業者（スペースワーカー）さんを選ぶときも、まずは壁の仕上がりを見て仕事をご一緒できる方かどうかを判断しました。リノベーション予算の考え方として、どこにお金をかけてどこを諦めるか、判断するのは施主です。

■ 施工会社／業者を選ぶ
和の素材を活かせる人は誰なのか

　たくさんの施工業者があっても、自然素材を扱う会社や職人さんの数には限りがあります。私がよく行うのは、旅館や神社仏閣などでいいなと思った場所をどの会社が施工しているのかの情報を取ることです。What you see is what you get.見えている事例がすべてなので、徹底的にリサーチします。目指している方向が同じそうであれば、会いに行って事例を見せていただき、お話を伺います。資料を作ってやりたいことをお伝えし、概算見積もりを取って、と進めていきます。土壁やよしず天井など、和の素材を扱えるところは特に限られてくるため、徹底したリサーチは重要でした。

天井

[BEFORE]

天井高は少し上げて、よしず天井に。茶室のような作りにすることで、自然素材の心地よさを引き立たせることができました。

壁

[BEFORE]

アルミサッシなど、見えていると美しくないものは壁で覆って見えないように。無機質な家電類やアルミ素材はなるべく隠したいもの。

床

[BEFORE]

床の素材はそのままにして、畳のような色合いのウールカーペットを敷くことに。また、巾木を真鍮にして空間に個性を。

■ 間取りとレイアウトを考える

より広く、明るく。
できることとできないことを確認

　広さが限られた空間であればあるほど、間取りを熟考することが大切です。例えばこちらの場合、廊下からパウダールームに入る動線がありましたが、そこを閉じて〈洋室1〉をコンパクトにすることでリビングの空間を広げました。細かく分かれていた3つの部屋をホテルのようなワンルームにしたのです（図下）。また、天井を上げることで、よしず天井がより美しく見えるようにもなりました。キッチンには食器棚がありましたが、取り除いてカウンターに作り替えたことで、キッチンもリビングの一部のように。日本のマンションの間取りは、目的別に細かく部屋を分けがちですが、この家の場合は過ごす場所はほぼ一箇所。ならばホテルのスイートルームのような間取りにしたほうが使いやすく、居心地よいと考えました。

■ 照明・家具の位置を確認する

どんな家具をどう置くか。
照明をいくつ配置してどう照らすか

　間取りのラフ図を作るだけでなく、「どこにどんな家具を置くか」(P118)。「どういうふうに照明を設置するか」というプランを立てておくことも想像以上に重要です。家具が決まっていなければ、照明をどこに設置したらよいかわからず、"適当に"配線しておくことしかできないからです。ペンダントライトはテーブルの中心に吊るしたい、絵画にダウンライトが当たるようにしたい、といった照明プランを立てておけば、家が美術館のようになります。図下の黒丸はどこにライトを当て、何がピンホールで何がユニバーサルかを明確にしたもの。照明がどう当たるかを示した指示図となります。照明にこだわる方は、着工前にどのような光と影にしたいか、考え抜いておきましょう。

[B E F O R E]

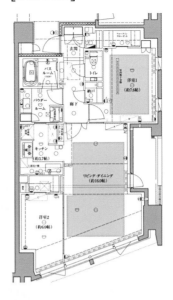

[間取り変更]
リビングルームと洋室の間にあった壁をなくして、2LDKから1LDKの間取りに変更。また、クローズドキッチンをオープンキッチンにして、自然光が入る空間に。

[照明プラン]
天井に穴をあけなければならず、また一度決定したら変更が難しいため、照明の位置は家具の配置を考慮して、リノベーションの初めの段階で注意深く決めていく。

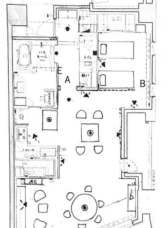

照明・家具

[B E F O R E]

ベッドサイドテーブルを照らすためのウォールランプは、ベッドのサイズと位置を入念に確認して配置。

■ やりたいことはディテールまで指定する

見積りをお願いする前に細かいところまでリスト化して共有する

■ 冷暖房効果を保ちつつ、エアコンの位置は目立たないところに変更

[BEFORE] 部屋の中央に目立っていたエアコンは、死角となって視界に入りにくいところに移動。

■ 家具と照明の位置を事前に確認する

リビングルームのBEFORE/AFTER。もとは右奥にベッドルームがあった間取りを、壁をなくしてひと続きの部屋に。リノベーションが仕上がってから最後に考えがちな家具の配置ですが、リノベーション前にどこに何を置くかを考えておくのが、イメージ通りの住まいを叶える大事なポイント。写真上のように家具の実寸サイズに切った紙を置いて、部屋に置いたときのサイズ感を確認しておくと、完成後に「イメージと違う」といったことになりません。

■ 廊下からリビングルームへ続く出入り口はドアをなくし、
　茶室の出入り口をイメージした、火灯口ふうのデザインに

茶室の「火灯口」のアーチの形状もいろいろとあります。シャープなもの、まるみが少ないもの、あるいは壁にピタッと寄せたものなど、雰囲気がそれぞれ違います。どの形状が合うかは、大きな型紙を作って実際の空間で見てから決めました。いくつもある選択肢の中から何かを選ぶときは、事前に目指す方向を確認しておくことが重要です。

[BEFORE]
玄関右のニッチスペースは、壁を作って舞台のような飾り棚を作成。

■ 照明器具(ダウンライト)をすべて変更

[BEFORE]

茶室に入る時の胸が躍るような感覚を再現するために、玄関は暗めにしています。光が下駄箱やトイレなど、"現実的なもの"には当たらないよう、天井照明はなくして飾り棚に目がいく照明設計に。影を作ることで、のっぺりした空間が立体的になります。

■ キッチンとリビングルームとの間の壁を取り払ってオープンタイプに。アイランド型カウンターも設置

■ キッチンの扉や引き出し、冷蔵庫には部屋全体のテイストと合う、和のニュアンスの突き板を貼る

[BEFORE]
食器棚で区切られたクローズ
ドキッチンをなくし、キッチ
ントップと同じシーザースト
ーンでカウンターを造作。扉
や引き出しは竹の突き板を全
面に施し、よしず天井と統一
感を持たせた。

■ 吊り戸棚の扉は長さを出してライトの当たりを柔らかく

■ セロハンで白熱灯のような光に

LEDが白々と明るすぎるので、上から暖色系
のLED電球シートを貼って白熱灯のように。

■ ベッドルームの収納棚は飾り棚に。主張が強い黒い窓枠は、火灯口ふうのデザインで隠す仕様に

■ ベッドルームには袖壁を作り、ベッドのヘッドボードが目立たないように

[BEFORE]

存在感が大きく、無機質な窓枠は土壁で隠して。左奥の収納棚は照明器具を施した飾り棚に。

家電、窓枠、ダウンライト照明器具、扉など、「見て美しくないもの」は隠すことが重要です。特に窓枠は存在感が大きいので、ロールカーテンやローマンシェードで隠す、あるいは隠す壁を造作するという方法があります。

■ キッチン奥のスペースには、パントリーなど多目的に使える棚を造作

[BEFORE]

キッチンの奥にあるパウダールームには廊下から、キッチンからと２つの出入口から入れましたが、あえて１つをふさいで壁を作り、キャビネットを設置。見せたくないオーブンレンジや電気ケトルなどはこちらに収納することでキッチンをすっきりさせました。写真左のキャビネットの奥は洗濯機置き場に。すだれふうのロールスクリーンで隠しています。

■ トイレ背面の棚はなくして空間を広く。キッチンと揃えて突き板を扉に貼り付ける

[BEFORE]

トイレに煌々とした明るい照明は必要ないので、ダウンライトに変更。

■ パウダールームの洗面台の引き出しにもキッチンと同じ突き板を

[BEFORE]

照明を真っ白な眩しい光から黄色のダウンライトに変更。落ち着いたイメージに。

パウダールームは機能も大切ですが、雰囲気を出すためにはまず照明の調節、そしてキャビネットの素材の変更が効果的です。引き出し全体を変更しなくても、ダイノックシートといわれるウッド調のシートを貼るだけで、雰囲気はかなり変わります。テカテカした塗装の仕上げから卒業する方法を考えましょう。

■ 家電類は何であっても目立ってしまうもの。エアコンは視線のいかない場所に移し、
　　ダイキンの木目調のものをセレクト

テレビ、冷蔵庫、エアコンなど、家電は美しさを損なう存在。でも中にはすっきりしたデザインやインテリアに調和するものもあります。まずやるべきは死角に配置して見えにくくすること、そしてデザインや色を意識して選ぶことが重要です。必ず店舗で実物を見て、納得してから購入しましょう。

■ 絵画を掛ける場所には、
　スポットライトも併せて設置

絵画とライティングは切っても切れない関係。あらかじめどこにかけるかを決めておいて、絵を効果的に、そして美しく照らし出す照明の設置場所を決められるのがベストです。

■ テレビは置かず、プロジェクターに
　することで、"家電感"をなくす

プロジェクターはどんどん進化しています。まっすぐ見られるように自動補整してくれたり、明るくても見ることができる光量調整機能も。家にいながら映画館で観ているような楽しさがあります。

■ 排気口やコンセントは
　そのままだと壁から浮きがち。
　壁と同色のペンキでなじませて

■ インターホンやスイッチ類は、
　目立たない位置に移動

■ 日除けにはシェードとロール
　スクリーンをセレクト。
　プロジェクター画面にもなる

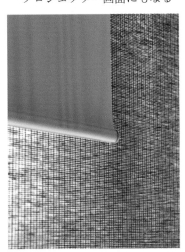

No.9 仕上げは「デコレーション」という意識を

空間にインパクトを与えるのは、リノベーションだけではありません。配色、フォーカルポイントや中心点を意識した家具の組み合わせや配置、照明、そして絵画や植栽などの細やかなデコレーションも大切です。デコレーションについては『行正り香の家作り』で詳しくお話しているので、ここではデコレーションとしてインパクトを与える大きな要素についてお伝えしたいと思います。

例えばこちらの空間〈YT邸〉は、絵画とソファーをフォーカルポイント、および中心点に定めていて、茶色のグラデーションをベースカラーにしています。そこに植栽や絵画の緑、赤、そして椅子の青を差し色として置いています。照明器具は白をセレクト。奥と手前に設置することで、空間に奥行きを持たせています。絵画は現代的なスタイルの中から選び、家具はモダンなポール・ケアホルムのソファーにクラシックなフィン・ユールのイージーチェアを組み合わせて、あえて統一感を崩しています。小物として配したキャンドル立てや鳥小屋は、いずれも真鍮をセレクトすることで、繋がりを持たせています。もしここにコーヒーカップなどを置くとしたら、ヘレンドなどのクラシックなものではなく、ロイヤルコペンハーゲンのHAV（ハウ）のようなモダンなデザインが似合います。

デコレーションを考えるのは最後でいいと思いがちですが、壁や床、家具を決めたら、そのスタイルに合うものをセレクトし、バランスよく配置することで、より統一感のある安定した空間が生まれます。

全体が茶系グラデーションの配色に、青の椅子を
加えることでアクセントを与えています。さらに、
青の反対色である赤を小物に加えると全体のトー
ンが締まります。〈YT邸〉

デコレーションをするときに
最初に決めたい「フォーカルポイント」

　空間をデコレーションする前に決めておきたいのは、それぞれの部屋の「フォーカルポイント」です。フォーカルポイントとは、空間全体の中で興味を引き付ける場所。絵画や照明器具のこともあれば、ソファー、サイドボード、ベッド、本棚など、大きな家具であることもあります。いずれにしてもただ目立つのではなく、「目立つべき美しい場所」です。

　例えば右上の空間。グレーと赤が目を引く絵画を部屋のフォーカルポイントとしています。絵の下にはグレーと繋がる同系色のソファー、さらに赤と繋がるクッションや椅子、カーペットを配置しています。絵の配色に全体を合わせることで、部屋に統一感と安定感を作っています。

　右下の空間のフォーカルポイントは、大きな絵画とサイドボードです。空間が三角形であるため、中心点を作ることは難しいですが、照明器具、家具はフォーカルポイントに目がいくように配置しています。また、絵画の赤とカーペットの赤を繋ぐことで、統一感を生み出しています。

　ありがちなのはデコレーションも何もなく、目のいきどころのない空間、あるいはさまざまなものを置きすぎて、どこがフォーカルポイントかわからない空間です。そして、日本の住居に多いのが、大きなテレビが意図せずフォーカルポイントとなっているパターンです。大切なのは、各部屋の美しきフォーカルポイントを定めること、そしてそのポイントを引き立たせるよう、家具や照明器具を配置していくことです。

家具や絵画を配置するときに
必ず意識したい「空間の中心点」

　部屋のデコレーションにおいてもうひとつ重要なのは「空間の中心点」です。ソファーやテーブル、ベッド、窓や鏡といった、中心となるポイントを設定することで、そこをベースにほかの家具などをバランスよく配置することができ、空間に安定感が生まれます。

　右上の空間は、窓の中央を中心点に決めています。よってペンダントライトを窓の中央に来るように、テーブルの中央も中心点に重なるように配置していきます。また出窓の中心にも物を飾ることで、よりバランスが取れた空間となります。

　右下の空間は部屋のコーナーで、キャビネットに中心点を作っています。このポイントを軸に照明器具、小テーブルや椅子を配置することで全体のバランスを生み出していきます。

　中心点やフォーカルポイントは、リノベーションが終わってから考えるのではなく、始まる前に考えるのがおすすめです。どのような家具や絵画をどこに配置するかを決めておかなければ、ダウンライトやペンダントライトの位置も決められず、配線工事も行えませんし、大きい絵をかけるための壁の補強もできないからです。

　私が模様替えやインテリアデザインをするときに最も重要視しているのは、「フォーカルポイント」と「空間の中心点」です。ぜひみなさんも部屋を見渡し、ご自分の空間のフォーカルポイントや中心点がどこにあるか、もしなければどのように作っていけばよいか、具体的に考えてみましょう。

デコレーションの決め手となる「絵画」
額装は空間との調和を考えて

　絵は空間を飾る、そしてフォーカルポイントを作るための重要なアイテムです。大切なのは自分の好みを反映させることであり、デザイナーからレコメンドされたから、そのうち値段が上がるから、などの理由で選ぶものではありません。一方、絵をセレクトするのにも一定の決まりはあります。例えば、モダンな空間には抽象画やミニマリストの作品が合うし、クラシックな落ち着いた空間には風景画や肖像画が合う傾向があります。またP45のように、部屋のカラーパレットに合わせた色の絵を選ぶことで、空間に調和と統一感をもたらすことも可能です。

　額装においては、絵だけに気を取られず、空間全体を見て調和させること、飾る壁と絵のサイズバランスを意識することが大切です。壁の空間に対して絵が小さすぎるとインパクトがないし、大きすぎると圧迫感を与えるからです。掛ける高さは、美術館に通うと適切な位置を学ぶことができると思います。一般的には高すぎる位置に掛ける方が多いようです。壁から離れた位置で見てみて、空間になじんでいるかを確認してください。

　複数の絵を飾る場合は、同じ額装などでグルーピングをすることによって、ひとつの大きなアートピースのような効果をもたらすこともできます。高価な絵だからよい絵というわけではありません。自分の個性を表現する"アートギャラリー"を楽しみましょう。

下／こちらはわが家の玄関。ドアを開けるとまずこの絵が目に飛び込んできます。玄関はその家の顔ともいえる場所。お気に入りの一枚をぜひ。〈YT邸〉

壁に絵を飾ったら、それを引き立てるためのライティングを考えます。電気工事が可能なら、スポットライトをつけてみましょう。梁がある場合は、斜め上から光が差し込むようにあてるのも素敵。〈YS邸〉

テーブルセッティングも
空間のデコレーション

　私がインテリアに興味を持ったのは、テーブルコーディネートがきっかけでした。友人のディナー会に伺うと、お料理はシンプルでも、セッティングが美しいとすべてがより美味しく感じる。テーブルにはキャンドルが灯され、心地よいジャズが流れる中、ワインとチーズがあれば、それだけで最高のおもてなしになることを教えてもらいました。

　美しいテーブルをセッティングするには、インテリア全体との調和も大切です。例えば、クラシックな器を使ったテーブルコーディネートは、クラシックスタイルの部屋と調和します。統一感がある空間は居心地がいいものです。一方、モダンな部屋なのに器だけがクラシックだと、ちょっと違和感を覚えます。インテリアはトータルコーディネートです。空間からテーブル、器、グラス、カトラリー、キャンドル立てまで、住まう人のセンスを反映させることで、心地よい空間が出来上がっていくのです。

　器をひとつひとつ衝動的に揃えていては、バランスのいいセッティングは実現しにくくなります。自分が作っていきたい空間に合う器はどういうものなのか？　想像しながら少しずつ購入していくのがおすすめです。

テーブルコーディネートは全体のバランスが重要。クラシックな空間にはクラシックな、モダンな空間にはモダンなテイストの器やグラスを揃えていきましょう。

既刊の『行正り香のテーブルコーディネート』でもお伝えしていますが、セッティングにはテーマとして、「カジュアル・ナチュラル・シック・フォーマル・エスニック」といったスタイルから選ぶ方法と、「クリスマス・お正月・ひなまつり・お誕生日」などのイベントから選ぶ方法があります。どちらにするかは気分次第ですが、テーマに沿ったコーディネートを考え、そこから器に盛り付ける料理を逆算して考えると、全体のバランスが取りやすくなります。

テーブルコーディネートは、映画や舞台でいうところの小道具や照明と同じです。料理にばかり気を取られていると、雰囲気をデザインする、というところまで気を配ることができません。味には満足していても、ワクワク体験まで到達できないのはもったいないことです。

おもてなしをするときは、全体を10としたら、空間（音楽、照明も含む）が5、テーブルコーディネートが3、そしてワインと料理が2、というバランスで考えておくといいと思います。空間の広さが重要なのではありません。ワンルームでも、テントの中でもいい。テーマを感じられて心地よい空間であれば、きっと心に残る体験になります。

レシピ本などを眺めて作る料理を決める前に、「どんなテーマでセッティングをして、どんなワインをセレクトするか？」を考えましょう。食卓に音楽のような流れができます。そして、ひとつの種類だけでよいので、6～8セットの器とワイングラスを揃えておくとセッティングに統一感が生まれます。違う器を集めて統一感を持たせたい場合は、チャージャープレート（器の下に敷くもの）やナプキンの色を統一すると、バランス良いセッティングとなります。テーブルの中央にお花を用意するのも素敵ですし、キャンドルを置くとその代わりになります。また、部屋全体を照らす照明を消して、ペンダントライトやスタンドライトだけにするといつもとは違う、ムードある空間が生まれます。セッティングは必ずお客様がいらっしゃる前に。テーブルは舞台であることを意識して、幕が開いたらお料理を出して、みんなと一緒に楽しみましょう。

デコレーションの一要素。
暮らしにもっと音楽を

　私にとって、照明と音楽とお酒は、空間をガラリと変化させるデコレーションのひとつです。昔はカフェやバーのオーナーがレコードやCDを選んで流すことがよくあったので、心に響く曲がかかると、すぐにアーティスト名と曲名を尋ね、近くのショップで購入していたものです。そうして集めたCDは今も私の棚にたくさんあります。音楽アプリで聴ける時代になっても、手のひらに収まる薄い物体は、私にとって捨てることのできない人生そのものです。

　マイルス・デイヴィスの「It Never Entered My Mind」、ジョニー・ハートマンとジョン・コルトレーンの「You Are Too Beautiful」、キース・ジャレットの「My Wild Irish Rose」「Never Let Me Go」、ビル・エヴァンスの「My Foolish Heart」「Waltz For Debby」、オスカー・ピーターソンの「Quiet Nights Of Quiet Stars」、クリス・ボッティの「Cinema Paradiso」、チェット・ベイカーの「You Go To My Head」「My Funny Valentine」、ナット・キング・コールの「Te Quiero, Dijiste」「Smile」、ナタリー・コールの「Unforgettable」、エラ・フィッツジェラルドの「Someone To Watch Over Me」「Autumn In New York」。好きな楽曲をリストアップし始めると、終わりがありません。これらのピースは、再生ボタンを押せば、私を、そして皆さんを、全く別次元の場所へと連れていってくれる、いわばタイムマシーンなのです。

　いい音楽を聴くための空間作りは、個人の好みや音楽の種類によって異なります。でも究極的に大事なことは「空間スタイルに合ったスピーカーを選ぶこと」だと思います。私の場合は、部屋の写真を見た音楽好きの友人が「Harbethなら香さんの部屋になじむし、音質もきっと気に入る」と選んでくれたもの。持っているピアノと同じ、チェリー材でできています。スピーカーの木材にもウォールナット、カリン、マホガニー、オーク、メープルなどさまざまあり、見た目のデザインと音質のバランスのいいスピーカーを見つけることは可能です。

　空間のスタイルが決まったら、照明器具、食器、ワイングラス、家電、そしてスピーカーにまで気を配ってみてください。現実からエスケープできる特別な空間が生まれます。

音楽アプリSpotifyを利用されている方は、プレイリスト「行正り香's Jazz Selection」「行正り香's Piano Selection」をご活用いただけます。Jazzはディナーパーティーに、Pianoは朝食時におすすめです。

No.10 空間を素敵に見せるTIPS

最後に、インテリアの細かいテクニックをお伝えします。リノベーションでも模様替えでも、みなさんの家の空間作りのヒントとなればうれしいです。

カーテン選びは
色・長さとヒダを
大切にする

カーテンは壁の色・トーンと合っているものを選びましょう。長さは床ギリギリまでくるのがベスト。フックをかけるリングの下（カン下）からの寸法でオーダーします。ヒダは多いほどエレガントに見えます（写真はいずれも2倍）。また、厚手のカーテンをつけると部屋が狭く見えるので、暗くしたいときはレースカーテンとロールスクリーンをともに設置するのもおすすめ。TOSOの「ジーア遮熱」というロールスクリーンなら、光と熱をさえぎることが可能で、プロジェクターのスクリーンとして活用することもできます。右／〈YT邸〉、下／〈N邸〉

天井部分に「曲線」を作る

モダンな空間は直線で作られていることが多いですが、天井部分や柱、窓まわりに「曲線」を作る（"R"を作る）と、空間のイメージが柔らかくなります。曲線の角度をどうつけるかによって柔らかさのイメージも変わります。〈YS邸〉

本棚は陳列面を揃える

木棚はボックスごとにカテゴリー分類。背表紙の色ごと、高さごとに分類し、さらに陳列面を揃えることですっきり見せられます。わが家の場合、スピーカーとアンプも組み込んでいるため、好きな音楽を聴きながら本を眺めることができます。〈YT邸〉

キャンドルも照明器具の
ひとつと考える

こちらはイッタラのカラフルなガラス製の
キャンドルホルダー「キビ」。同じタイプのも
のを複数並べることでいくつもの光が重な
り、美しい食卓が完成します。

照明器具は調光器で
光量を調節する

一般的な日本家屋にあらかじめついてい
る照明器具は明るすぎるものがほとんど。
とはいえ、明るさが必要なときのことを考
えて、調光機能付きのスイッチにする、もし
くは調光器を後から追加して光量を調節
できるようにすることをおすすめします。

キッチンも美しさに
こだわる

目につくもの(鍋、調理道具入れなど)は美
しいものをセレクトしましょう。キッチンをリ
ノベーションして印象を一変させたいなら、
扉をペンキで塗る、オークやウォールナット
の突板を使うなど、選択肢はたくさん。部屋
のスタイルに合うものを選んでいきましょ
う。こちらの扉はよしず天井のイメージから
選んだ竹の突板を貼っています。〈YK邸〉

収納家具の奥行きは
ギリギリにする

左／目立たない廊下などの壁全面に奥行き
が狭い（45〜50cm程度）収納を作るのは、おす
すめです。空間を狭くすることなく、収納量
を一気に増やせます。段の高さを考えるとき
のポイントは、余分な高さを取らずに、器が8
枚重ねられる程度、ワイングラスが入る程度
で区切っていくこと。

右上／最初からサイズを考慮した設計で冷
蔵庫まわりに収納棚を造作しました。冷蔵庫
の表面を収納扉と同色のペンキで塗ること
で、家電の存在感をなくしています。右下／
引き出しは浅いものをいくつか作っておく
と便利です。〈YT邸〉

好きなものと、
一緒に暮らす

『モリコーネ 映画が恋した音楽家』という映画の最初のシーンで、エンニオ・モリコーネの仕事部屋をかいま見ることができます。本棚に詰め込まれた本やアンプ、机の上に置かれた楽譜や鉛筆、ソファーに散らばる美術書、薄暗い光を生み出すドレープカーテン。整理整頓とは無縁の部屋。なのに、美しい。きっとこの部屋があったから、『ニュー・シネマ・パラダイス』のようなメロディーが生まれたんだな、と胸がいっぱいになります。

人間は十人十色。生活の中で大切なものも、目指す空間も違います。映画が好きな人は、大画面で映像が観られるほうがいいし、音楽が好きな人は大きなスピーカーで音を聴けたほうがいい。料理好きな人は、心が弾むキッチンで包丁を握れたら素敵です。すべてのことを満足させる空間を作るのは現実的ではなくても、たったひとつの大切なことを実現させるのは、不可能ではありません。

人生を過ごすのは大半が自分の家の中です。ならばその空間にあるものは、自分なりの審美眼で厳選していくことが大切です。モリコーネの部屋にはたくさんのものが無造作に置かれているけれど、ストップウォッチも、消しゴムも、彼によって選ばれたものです。大きな家具にも、小さなカップにも、心が宿ることを意識して選んでいけば、きっとその空間は住まう人の心を映し出す、特別な空間になるはずです。

本棚には美術書、料理の本、そしてスピーカーが入っていて、好きなウィスキーを飲みながら音楽が聴ける空間にしています。美しい背表紙の本は見えるところに、それ以外の本は扉の中にしまっています。〈YT邸〉

あなたの終の住処は、どんな空間ですか？

あっという間に、私も人生のラストコーナーを走っています。今までは走り抜くことに一生懸命だったけれど、残りはなんだか、周りの景色を見渡しながら、楽しんで走れる気がします。この本を手にしてくださったみなさまも、どこか同じではないでしょうか。

人生はどんな終わり方をしたら素敵かということを、私は亡くなったおじさんから教えてもらいました。病気になったとき、彼は肩の高さまであるような大きなスピーカーを買ったのです。彼が創った「終の居場所」は、艶やかなダイアナ・クラールや優しいサッチモの音楽が心の奥まで響いてくる空間。何時間もそこに座って、自分の過去を振り返っているかのようなおじさんを、忘れることはありません。

自分の理想の終の住処を創り出すことは、それほど難しいことではありません。「一番大切にしたいものは何なのか？」。周りの雑音を忘れて、子どものように思い返してみることなのです。音楽が好きであれば大きなスピーカーを、料理が好きならばみんなが集まるキッチンを、本が好きならば背表紙を眺めていたくなる本棚を、創る工夫をしていけばよいのです。もちろんスペースの問題、パートナーとの問題、いろんな問題はあるけれど、まず大切なことは自分の理想を見つけ、そしてそれらを自分の空間に適合させるためには、どんな方法があるか、どれくらいの予算をかけたらいいか、少しずつ選択肢を見つけていくことが大切だと思います。

リノベーションとは、単にキッチンやリビングをリニューアルするだけのことではありません。ワインや料理を楽しむ場所や、好きな映画を観るための空間を創り出すということだと思います。この本を読んでみなさんが、いろんなインスピレーションを得て、「どんな終の住処にしようかな？」と考えることから始めていただけたら、とても嬉しいです。

この本をお届けするために、根気よく考えてくださった編集者の山本忍さん、空間の空気感まで撮影してくださった結城剛太さん、1冊目の料理本からお世話になっているデザイナーの若山嘉代子さん、ペンキ塗りから本の校正まで手伝ってくれた富野さくらさん、そしてリノベーション・模様替えをした空間を撮影させてくださった皆さま、心からありがとうございました。

行正り香 ゆきまさりか

料理家・インテリアデザイナー。福岡県出身。UCバークレー卒業。デンマーク親善大使に選ばれる（2017年）など、北欧のインテリアに造詣が深い。インテリアのコーディネートやリフォームプランナーとして多数の家作りに携わっており、30冊を超える料理レシピ本のほか、家作りに関する著書『行正り香のインテリア』『行正り香の家作り』もロングセラーとなっている。英語スピーキング教材「カラオケEnglish」、探究学習教材「なるほど！エージェント」の開発も手掛ける。2023年、東京国立博物館のアンバサダーに就任。館内のレストラン・カフェ「ゆりの木」の照明ディレクションのサポートを務める。二人の娘と夫との4人家族。
yukimasarika-living.com
Instagram　@rikayukimasa

撮影／結城剛太
　　　嶋田礼奈（P66〜69、76〜83）
　　　大坪尚人（P72〜75）
デザイン／若山嘉代子　L'espace
編集／山本忍
Special Thanks：富田浩伸
　　　　　　　　平田文男
　　　　　　　　伊藤暢彦
　　　　　　　　田中昭義
　　　　　　　　中辻貴之
　　　　　　　　富野さくら

講談社の実用BOOK

人生を変えるリノベーション

2024年6月14日　第1刷発行

著者　行正り香
© Rika Yukimasa 2024, Printed in Japan

 KODANSHA

発行者　清田則子
発行所　株式会社　講談社
〒112-8001　東京都文京区音羽2-12-21
編集　☎03-5395-3447
販売　☎03-5395-3606
業務　☎03-5395-3615

印刷所　大日本印刷株式会社
製本所　大口製本印刷株式会社

143p　25.7cm
ISBN 978-4-06-535987-7